先の先を読め

複眼経営者「石橋信夫」という生き方

樋口武男

文春新書

743

先の先を読め——複眼経営者「石橋信夫」という生き方●目次

第四章 〝複眼〟でモノを見ろ

はじめに

この本で私がみなさんにお伝えしたいのは、稀代の事業家「石橋信夫」の生き方である。「住」の世界の革命家として大和ハウス工業を創業し、一兆円企業に育て上げるまでの、着想のヒント、小が大を呑む闘魂、営業のツボ、複眼の視点、人材育成のコツ、直観と決断、「先の先」を見る先見性、情愛と「人の道」、逆転の発想——、目次をご覧いただけばお解りと思うが、こうした卓抜な教えに充ちた生き方である。

「石橋信夫」の仕事と人生を語ることは、日本という国が、もっと真っ当で、輝いていた時代を語ることにもなると思う。

昨今の日本は、いったいどうなってしまったのか。

食品は、材料、産地から、消費期限まで、ごまかしだらけ。社会保険から教育現場、介護に年金、そして肝腎の官僚機構まで、保身、手抜きと偽装のオンパレードだ。用済みの年寄りと弱者には早く消えてくれといわんばかり。まるで日本中が、拝金主義と無責任体系に染まってしまっているかのようである。

NHKの『プロジェクトX』には私も毎回感動したが、かつての私たちは、ひたむきで勤勉で、どの世界のどんな小さな仕事でもきちんとやりとげ、たとえ無名に終わっても、ちゃんと良いものを作ることに誇りを持っていたものだ。

そして、事業家には「公」の志があった。国民の暮らしに役立つものを作りたい——。その一念が、結果的に企業を発展させ、国を繁栄に導いた。

松下幸之助氏による「二股ソケット」の発明は、日本の家庭に、照明とアイロンや電熱器がいっぺんに使える大革命をもたらした。本田宗一郎氏による原動機付き自転車の発明は、国民の活動範囲を飛躍的にひろげてくれた。いずれも国民の暮らしのニーズに発している。

いまごろになって私たちは、にわかに「CSR」を叫びはじめている。Corporate Social Responsibility——企業の社会的責任である。みんなが未来に希望の持てる社会を築くべく「公」の精神に立つこと。それを半世紀も前に志していた事業家たちが日本にはいたのだ。

「石橋信夫」もそのひとりだった。三時間で建つ画期的な「ミゼットハウス」を世に送り、戦後ベビーブームの子どもたちに〝夢の勉強部屋〟を贈った。さらに住宅難にあえぐ国民に、丈夫で安価な住宅を提供すべく「建築の工業化」を実現。絶えざるイノベーションによって、一兆円企業を育てあげた。

もちろん、幾多の難局にもぶつかったが、不撓不屈《ふとうふくつ》の精神力と創意工夫によって乗り切った。経営にあたっては、天にも地にも恥じることのない言動を貫いた。いま、その人となりと時代をふりかえることが、私たちが真っ当に立ち返る道筋をさぐる一助ともなると思うのである。

「石橋信夫」はまた、ユニークな名言・格言を生み出す達人でもあった。この本では一話ごとに創業者の名言を掲げ、その言葉に結晶した、モノ作り、人材育成法、営業のツボ等々の経営のヒントをお伝えしたい。

私は、三十年間、豪放で慈愛に富んだ「石橋信夫」を経営の、そして人生の師と仰ぎ、薫陶を受けつづけた。私が直接本人から教えられたことに加え、先輩社員から伝承されたエピソードも交えて、稀代の事業家とその時代を描いてみたい。

第一章

事業のツボは「直観力」だ

1. カンが先で理論は後や

私は三十年間、大和ハウスの創業者・石橋信夫から多くの教えを受けてきたが、なかでも印象深かったのは、

「事業のいのちは、カンやで」

との教えであった。

五感を超える「第六感」。ものごとの本質をとらえる心のはたらき――カン――が事業には欠かせない。

どんな創業会社にも、そのスタート時の〝記念碑的商品〟があるものだが、大和ハウス工業の場合、「パイプハウス」がそれであった。木材を使わず、パイプと波型鉄板を用い、工程も簡単で迅速に建て上げができる。倉庫にも、事務所や宿舎にも最適な「パイプハウス」。この着想については、いまや伝説ともなったエピソードがあり、私も幾度となく創業者から語り聞かせてもらっている。

――太平洋戦争が終わり、創業者がシベリアから復員したのは一九四八（昭和二十三）

年。満州（現在の中国東北地方）での雪中演習の事故で、脊髄損傷の大ケガを負い、さらにはソ連軍に抑留されて、拷問を受けながらシベリア各地の収容所を転々としたのち、終戦から三年たって、ようやく日本の土を踏んだのだった。

この戦争体験の中にも、のちのちの、生きるヒント、経営のヒントがいっぱい詰まっているのだが、創業者はひとまず、吉野にある実家の材木商に立ち戻った。

一九五〇（昭和二十五）年九月三日、ジェーン台風が関西地区を襲う。瞬間最大風速四十三・二メートルを記録したこの猛烈な台風によって、住宅十二万戸、八十七万人あまりの人々が被災。吉野川、紀ノ川、十津川など多くの河川が氾濫し、流域の田畑もことごとく土砂に埋まった。

創業者は故郷の山々と森林を見て回った。山は崩れ、いたるところで赤い地肌をさらしていた。戦後の乱伐のせいであった。少年の頃から駆け回り、なじんできた緑の山はどこにもなかった。

「目もあてられないありさまやった」

と創業者は述懐している。

稲はナゼ倒れない⁉

一方、平野部では家を失った人々が、建材となる木材を求めてさまよっていた。創業者は、木材がなければ家は建たないのか、木材に替わるものはないのかと思案しながら、倒壊した家々のあいだを歩いた。ひと息いれようと竹やぶのかたわらに座ってタバコに火をつけたとき、ふと目の前にひろがる田圃《たんぼ》の稲の波に気づいたという。

強風で傾いてはいるが、稲は折れてはいない。竹やぶを見ると、竹もしっかりと立っている。それにひきかえ、崩れ落ちた木造建築のなんともろいことか。

奈良地方の民家は、伝統的に、とりわけ重い屋根瓦をのせる。両妻に高く梲《うだつ》を立てて、屋根を二重にする。梲は家の格式を表していて、そうした家を建てることのできない者は、俗に「ウダツのあがらぬやつ」と、さげすまれたりする。そういう荘重な家々の多くが無残にひしゃげていた。

柱に原因があるのはあきらかだった。四角い木材の柱と梁《はり》の結合部や、柱と土台との接点が風圧で変形してこわれ、屋根の重みを支えきれずに倒壊したのだ。

「これでは、台風や地震のたびにやられてしまう。根本的に考え直さねば……」

そのとき、モノの表層を撫でるに終わらない創業者の頭に疑問が湧いたという。なぜ、稲の茎や竹は折れないのか？

アッ、と思った。——丸みだ。円だ。

稲も竹も茎が丸い。しかも中は空洞だ。ここに強靭さの秘密がかくされているにちがいない。

そういえば、唐招提寺の金堂や、ギリシアのパルテノン神殿も、支えているのは円柱だ。まず屋根を軽くし、柱を丸くする。しかし、丸太棒は中が空洞とは言えないゾ。いや、なにも木材とかぎる必要はないのだ。

「パイプだ。鉄パイプで家を建てるのや！」

と思わず叫んでいたと、創業者は語っている。それは天啓ともいえるカンであった。物事に全身全霊で取りくむ者にだけ与えられるひらめき。

そのとき、石橋信夫二十九歳。大和ハウス工業の産声があがった瞬間だった。

「事業はな〝カンが先で理論は後〟やで」と、これは創業者の終生の信念となった。

2. 直観力が運を呼ぶ

「鉄パイプで家を建てる」

台風をしのぎ切った稲の姿から、天啓のようにひらめいたカンによって、「パイプハウス」の着想は生まれた。

しかし、着想だけでは事業は実を結ばない。つぎは研究である。

創業者が調べてみると、パイプ建築は、ヨーロッパで二十世紀の初頭からの歴史をもっているらしい。日本でも、大正八年ごろから軍の飛行機格納庫が、パイプ方式で建てられていたようだ。だが、民間で実用化し普及したという話は聞かれない。

なぜか?

どうも従来のパイプ建築は、接合部が複雑をきわめるために、設置するのも容易でないし、解体にもてこずるらしい。それが普及のネックになっているのではないかということがわかってきた。

ふつうの人ならシュンとするところだ。だが、シベリア抑留を生き抜いた創業者はひるまない。

「ますます闘志が湧いてきよるんや」

すると、思いがけない展望がひらけてきたという。

創業者は、自身の人並みはずれた努力のことはおいて、「人間、つまるところ運やで」と晩年まで口癖のように言ったものだが、このときもたしかに〝運〟としかいいようのない出来事が待っていた。

石橋家の長兄・源之助氏の戦死が確認され、法要を営んだとき、長兄の戦友がたまたま、パイプハウス組立てについての実用新案登録の話をもってきてくれたのだ。

創成への六つの手順

この実用新案によると、まず特殊な金具をつかってパイプを緊定し、これを骨組みとして周囲に波型鉄板の屋根や壁を当ててゆき、曲部を持ったボルトにパイプを抱かせて固定する。だから、たったスパナ一本で、建て上げも解体もこなせるのだった。

また、ちょうどそのころ、政府も動きだした。戦争中の乱伐がたたって、森は荒れ、それが風水害の被害を倍加させていたことを反省点として、一九五一（昭和二十六）年、森林法が改正されたのだ。

森林資源の保全のために、補助金を出す一方、木材に代わる鉄や軽金属、コンクリートなどの、建物への使用普及に力を入れたのである。

潮が満ちてきていた。

創業者の決断は早かった。それまでの材木商をやめ、パイプ建築に専念するべく、一九五五（昭和三十）年「大和ハウス工業株式会社」を設立。資本金三百万円、社員は十八人だった。

社屋は大阪市南区日本橋《にっぽんばし》、道頓堀にほど近い商店街の木造二階建て。「間口三間両隣り」で、一階が事務所。創業者は夫人と幼い子供とともに二階に住み込んで、陣頭指揮をとったという。

「事業のツボはカンである」――この教えを、私は創業者から何百回となく聞かされてきた。

おのずと脳髄から湧き上がってくる「カン」を大事にしろ。学者みたいにあらかじめ理論ありきで、理論にたよっていては、創造的な仕事はなに一つ生まれてこないゾ、と。

創業者が新しい事業に取りくむときの手順は

①第六感で着想する
②理論で練り上げる
③数字で検討する
④市場調査で分析し
⑤いけるとなったら、テストケースを経て
⑥ノウハウをつかんで実施に移す
　というものだった。非常に綿密かつ着実なのである。

「カン」というと人は、当てずっぽうのような、いいかげんな印象を持たれるかもしれない。

　だが、それはまったくちがう。

　研ぎすまされたカンは、日頃から考え詰めていてこそ生まれるものであるし、瞬間的に本質をとらえる「直観力」が事業には絶対必要だと、私も思う。そして直観力は、時の運さえも呼び込むのである。

3. 決断は瞬時にくだせ

事業のツボは〝カン〟である。勝負どころの「直観力」こそが運をよぶ――。

これは創業者の信条だが、その直観力が、ほとんど〝神の域〟に達していたのが、当時富士製鐵（現在の新日本製鐵）社長だった永野重雄さんだ、と創業者は常々感服していた。

こんなことがあったという。

それは創業者が、石川県の能登に、ホテルとゴルフ場、別荘地をともなったリゾート開発を行なおうと考えていた一九七〇年代はじめのことだった。

能登の現地を見ていただこうと、永野氏を案内した帰りの車の中で、

「石橋くん、昔から知られている安宅《あたか》の関（石川県小松市）は、いまは海の中らしいね」

と永野氏が語りかけてこられた。

源義経・弁慶の一行が、追討の手をのがれて奥州に落ちのびる途中に通ったという、歌舞伎の『勧進帳《かんじんちょう》』で名高い安宅の関。それはいま、海岸線の浸蝕で、沖合二キロメートルの海中に没しているというのである。

その事実にも創業者は、ほう、と思ったが、それよりも永野氏のつぎの言葉に感じ入ったという。

「私はこのあたりをずいぶん歩いたんだよ。日本海側にはウチの製鉄所がないし、中部地方に進出するについては、まず日本海側の新潟から高岡、福井など、適当な土地はないかとさがし歩いてね、この小松まできた。ところがここで、海に浸蝕された安宅の関の話を聞いたんだ」

理屈は後からついてくる

「そのとき、私の頭にひらめいたのは、〝やめよう〟という決断だった。やはり太平洋側、伊勢湾岸につくろうと。これは一種のカンというほかないがね。日本海を見ながら、私は瞬時にそう決めたんだ」

なぜ永野氏はカンといわれたのか？

「わしは考えたよ」

と創業者は私の目をのぞきこんで言った。

安宅の関は、義経の時代には地上にあったのだから、その後八百年のあいだに海岸線は約二キロメートルも浸蝕されたことになる。

もちろん、浸蝕は今後も、一定の速度で続くとはかぎらない。場所や地形によっても違うだろう。これを理論的に、学術的に調査するとすれば、とんでもない時間と金がかかるにちがいない。そんなリスクを負ってまで、この地に製鉄所をつくることはない。とはいえ、やめる理由として、〝海の浸蝕〟を富士製鐵の役員会や名古屋財界に〝公式〟に説明するのも、妙なものだ。話がひろまったときに、地元に及ぼす影響も大きいだろう。

だから永野さんは、直観的に「やめよう」と決断し、黙って、おなじ中部地方でも太平洋側の伊勢湾岸に方向転換した。それが当時の東海製鉄（現在の新日本製鐵名古屋製鉄所）である。その機微を、永野さんは「カン」といったわけだ。

「カンやひらめきは、ひとに説明できるもんじゃない。決めればいいだけのことだよ。理屈は後からついてくる」

といって、永野さんは豪快に笑ったという。

永野氏のこの言葉は、深い意味をもっている、と創業者は、よく私をさとしてくれた。事業は即断即決を旨とせよ。理屈に足をとられ、決断が遅れると、大きな傷を負うことが多いゾと。

また、経営はつねに、はるか悠久の長期展望に立てということも、永野さんはいわれたのだと。海岸の浸蝕は、かりに起きても百年単位。短期的にはどうということはない。しかし、企業は永遠不滅でなければならない。永遠たる基盤をゆるがす恐れのあることは、すべて早目に排除する。

経営者たるもの、その決断の当否については、歴史の審判を受ける覚悟を据える。

「樋口くん、安宅の関の話には、こうした教訓がすべて含まれとるのやゾ」

と創業者は私の肩を叩いて言った。

4.営業はことわられた時に始まる

事業を起こし、根づかせるものは、古今東西、鬼神のようなエネルギーである。

台風に耐えぬいた稲から「パイプハウス」の啓示を得、実用化のメドをつけた創業者は、ただちに行動を開始した。

「めざすは、もちろん当時の国鉄（日本国有鉄道＝現在のＪＲ）や」

当時、国鉄の駅は全国で約四千五百あった。管理局が二十七、ほかに電気工事局、土木工事局、新幹線工事局、資材局など局が六つ。さらに保線、施設、信号通信、電力などの本区と分区といった組織構成になっている。倉庫に、作業小屋に、宿舎にと、パイプハウスの需要はごまんとあるはずだ、と創業者は考えたという。

さっそく、結合金具など部分サンプルと図面をたずさえて、大阪鉄道管理局や、天王寺鉄道管理局などに打診してみると、どこでも、簡易事務所や宿舎が不足しているし、いくらでも需要はある、という返事である。

「ただし」と続いた。「本社の仕様書を取ってくればの話やで」

国鉄では、本社の認可仕様書がなければ、管理局や本区・分区では発注のしようがない、というのだった。

行動第一主義の創業者は、それを聞くと、すぐさま夜行列車に乗り込み、東京の国鉄本社へと向かった。余談だが、そのとき創業者の乗った列車が、社名と符合する大阪・湊町二〇時発の「大和《やまと》」だった、という因縁めいた話も、のちのちまで語られている。

翌朝、東京駅についた創業者は、目の前にある丸の内の国鉄本社にとびこんだ。

担当局の総務課でけんめいに説明するのだが、「大和ハウスなんて、聞いたこともない。そんなちっぽけな会社に、仕様書なんか出せるか」と、係長、課長もけんもほろろである。

ろくに話も聞いてもらえない。

ようやく局長に会えたものの、「資本金三百万円、従業員十八人のところじゃあね」とソッポを向かれる。

国鉄も元は駕籠《かご》屋

なんとシャクシ定規《じようぎ》な感覚か！　創業者は憤然とタンカを切ったという。

「私のこのワイシャツを見てください。襟なんかまっ黒でっせ。国鉄さんは電化、電化と言わはるけど掛け声ばかり。いまだに石炭を焚いて黒煙もうもうやから、このありさまです。スピードも遅いし、サービスも悪い。私はね、国鉄の新しい時代のための、新しい倉庫を売りにきたんですよ。資本金がどうやというんですか。だいたい国鉄かて、元は江戸時代の運送業、駕籠屋やないですか」

これには局長も思わず笑いだしたという。

「いま国鉄さんは、日立製作所の部品が入らんことには、一日だって動けないでしょう。その日立さんかて、スタート時は社員四十人ですよ。はじめはみんな、そんなもんです。アタマの固いことというてるから、国鉄はすこしも前進せえへん。買うてくれへんのやったら、よろし、もう帰りますわ」

と、胸の内をぶちまけて飛びだしてきた。

「しかしナ、樋口君」と創業者は遠い目をして言ったものだ。「宿に帰って考えたワ。言い捨てるだけなら子供でもできる。それやったらツマラン。もういっぺんコンチワ、と行くのが営業なんや」

翌朝ふたたび国鉄本社に顔をだすと、局長の態度がころりと変っていたという。

「ああ、石橋さん、待ってましたよ。あなたの話を考えて、昨夜は四時まで眠れなかった。おっしゃる通りだ。いまから仕様書が取れるように手配しましょう」

というなり局長は、あちこちに電話をかけはじめた。仕様書は、総裁、副総裁をふくむ理事以上三十八人のメンバーで構成される中央規格委員会の承認をへて発せられる仕組みだということだった。創業者は東京に一週間滞在して、二十二人の委員と面談、意気揚々と引き上げた。帰りの切符も、係長が手配してくれるという変りようであった。

仕様書は二ヵ月後、異例の早さで認可された。こうなると、標準仕様にもとづいて、全国津々浦々の駅や事業所から、パイプハウスの注文が続々と舞いこんでくる。

一夜で考え直した局長もえらいが、創業者の気迫が扉を開いたのだ。まさに「営業はことわられた時に始まる」のだった。

5. 夜汽車がホテル、ベンチがベッド

国鉄へのパイプハウスの納入という、生まれたばかりの会社として大きな扉をひらいた大和ハウスだったが、創業者の凄いところは、ひと息つく間もなく、はやくも次の営業戦略を考えるところにあった。

〝天啓の人・石橋信夫〟の面目躍如たるエピソードがある。

週末のある日、いつものように仕事のアイデアを探りながら手枕で横になっていた創業者は、日頃の疲れでついうとうととまどろんだという。

腕がしびれて目をさまし、耳の下で血液がトクトクと脈打っているのを感じた瞬間、あるイメージがひらめいた。

「この、頭のてっぺんから足先まで、血液のめぐっている俺のからだ。これを日本列島と見ることもできるのやないか」と。

「体内をめぐる動脈は、まさしく国鉄の輸送網や。目を電灯とすれば、電力会社だ。これ

は九社ある。耳や口はさしずめ、情報伝達の電電公社（現在のＮＴＴ）の全国十四局。手と足は、動いて作業する農林省（現在の農水省）、建設省（現在の国交省）ということになるやろ」

わしは、思わずはね起きとった、と創業者は私に熱く語った。

農林省には、その当時で営林局が十四、農政局が七つあった。国有林の経営を担当する営林署は各地に三百三十五あって、千六百の造林伐採事業所を設置している。また、建設省には三百六十の工事事務所がある。

まさに全国に得意先がころがっているようなものだ。

「よしっ、これを片っぱしから押さえてやる」

パイプハウスによる日本列島制覇や、と創業者は決心したというのだ。

二十二日間、連続出張

国鉄相手の売り込みはうまくいったが、こんどは政府の役人相手だ。もっと手ごわいゾ――。こういうとき、創業者のファイトはガ然、燃え上がる。

創業者の全国行脚は、すさまじかった。

一例を挙げれば、こんな具合である——。

早朝から大阪の工場で指揮を取り、一日の仕事を終えると、夜八時の船で高知港へ。朝五時に着くと、まず安芸の営林署に向かう。ついで須崎の国鉄本区へ。さらに保線と電力の分区五ヵ所を訪ねる。高知へ戻って営林局、鉄道管理局、建設省の出先機関を片っぱしから回る。午後十一時半、土讃線《どさんせん》の列車に飛び乗り、午前五時高松着。管理局と営林署に顔を出す。徳島に向かい、県庁、営林署、国鉄の本区・分区を歴訪して松山へ。電電公社の各部、国鉄の各区に挨拶。夜十二時半に今治港から船に乗って、朝七時に神戸港着。

すぐさま電車で大阪本社に戻って、資金繰りを指示し、工場へ。自宅から着替えを持ってこさせ、その日午後十一時半の急行「日本海」で金沢に向かう。午前五時着。国鉄の保線区、通信区を四ヵ所回って管理局へ。さらに富山、直江津を経て、新潟の管理局を訪問。長野に出て、営林署を回りながら名古屋の管理局へ。飯田線で上田に向かい、高崎、前橋の管理局、営林署へ飛び込みでセールス。上野に着くと、東京の中央官庁を足を棒にして訪ね歩く……。

「二十二日間、連続で旅まわりしたこともあるナ。夜行列車がホテル代わり、目的地に着くのが朝早すぎたら、駅のベンチがベッドや」

と創業者は、昔の手帳をめくりながら言った。

「それだけやない。国鉄はどの本区・分区も三交代制で二十四時間はたらいているから、夜行列車をどこで降りても商売できるんや」

創業者は、第二次大戦中に脊髄損傷の瀕死の大怪我を負った身でありながら、この強軍である。休養日も入れずに、よくからだがもつものだと感服するが、これを可能にしているのは、事業に賭けるひたむきな情熱だったのだろう。

私も、社長をしていた大和ハウスのグループ会社、大和団地から大和ハウス工業に戻って社長をやれ、と創業者から命じられた二〇〇一（平成十三）年、三ヵ月間で大和ハウスの全事務所、支店、工場を実地に見て回る旅に出たものだが、創業者の〝無休行脚〟には到底、及ぶべくもない。

6. スピードこそ最大のサービスだ

創業者の名語録のなかでも、「スピードこそ最大のサービスだ」は、特に印象深い実体験のなかから生みだされた言葉で、その体験とは次のようなものだったと聞かされた。

一九五九（昭和三十四）年の暮も押しつまった頃、六百坪（約一九八〇平方メートル）の倉庫建設の契約を交わしていた新三菱重工業（現在の三菱重工業）広島・三原製作所の所長から電話がかかってきた。

「三月十日竣工の予定を、一月二十四日の完成に早めてもらえないか」

という申し入れだった。

およそ百日間の予定を、五十日間でやれと?! 〝冗談じゃない〟と創業者は思った。あいだに正月休みもはさまっている。職人が集まらない。

無理です、と回答しても、「いくら出せばやってくれるか」と相手は必死の様子である。こちらとしても、はじめての三菱の仕事だ。なんとかやりとげたい。方法はないか？

ふっと頭に浮かんだのが木下藤吉郎（豊臣秀吉）の〝墨俣《すのまた》一夜城〟の逸話だったという。

秀吉は、墨俣の戦いで要衝墨俣に築城を命じられた。信長は斎藤家を相手に美濃攻略にかかっていたが、この地域は河川が多く難渋していたからだった。先輩武将たちが、何度こころみても、築城途中で敵に撃破される土地だ。そこで秀吉は一計を案じた。金にいとめをつけず大勢の表具師をかき集め、城の絵の大幔幕《まんまく》を張って敵の目をくらます一方、築城用の材木を木曽川の上流から筏《いかだ》に組ませて一気に流し、幔幕のうしろに一昼夜で本当の城を仕上げてしまったのである。

「これだ」と創業者は思った。のるかそるか。賭けをする心境で言った。

「やりましょう。そのかわり、列車も特急券は普通の二倍ですから、二倍いただきます」

「賃金三倍」で大募集

見積もりでは坪二万円の建築費だったから、四万円。六百坪で千二百万円のところを二千四百万円もらう。この増えた分を労賃に注ぎこもう。正月は休んでいる職人を逆に集めやすいかもしれない、と考えた。

新聞に「賃金三倍」とうたった募集広告を出した。正月を酒で過ごすより、十日間働いて一ヵ月分の報酬が得られる計算だ。昼夜兼行でやれば六倍になる！

来るわ来るわ。六百人が集まったという。創業者は一坪あたり一人を投入して、六百坪の倉庫を一気に完成させてしまった。

一月二十日。竣工した建物を案内しながら、「それにしても、なぜこんなに急がれたんですか」と三菱の所長にたずねると、「あれを見てください」と指さす。

岸壁に大型貨物船が横づけになっており、機械類を積んでいるのだが、揚げる場所がないのだという。一月中に揚陸すれば停船料は一千万円ですむが、二月に入ると二倍の金額になる。大手の建設会社にも倉庫建設の見積もりを頼んでみたが、五月末の完成で五千八百万円という返答で、それでは停船料五千万円を支払わねばならない。

「大和ハウスさんが、一月中に二千四百万円で仕上げてくれたので、差額を考えるとたいへんな儲けですよ。感謝しています」

と所長は何度も礼を言ったうえ、六枚の紹介状を差しだした。三菱造船（現在の三菱重工業）の長崎造船所、広島造船所、新三菱重工業の神戸造船所、京都製作所、名古屋製作所、水島製作所の各所長に宛てられていた。

長崎が設備面の更新を急いでいるとも教えられ、創業者は三日後に長崎に飛んだ。そこでは造船所の幹部が勢ぞろいして待ち受けており、二〇万トンドックの鈑金工場や、下請け十七社の工場などの建設を、創業者はすべて引き受けることになる。

のちに、創業者は私たちにこう語るのが常であった。

「東京＝大阪間を二時間半で走る新幹線と、九時間半で走る普通列車なら、だれでも新幹線に乗るやろ。形のない〝スピード〟というものに、人は価値を見出すのや。わが社も工期の短縮を無限に追求していかなあかんで」

7. 五分の魂

巨大組織の国鉄から、名前も聞いたことのないちっぽけな会社は相手にしないと言われながら、「そういう国鉄さんだって、元は駕籠屋《かご》」とタンカを切って懐にとびこみ、売り込みに成功した創業者である。相手が大きいからといって卑屈にならない、気骨の人であった。

その気概は、国鉄や官庁ばかりでなく、大企業相手にも遺憾なく発揮された。一九五七（昭和三十二）年の松下電器産業（現在のパナソニック）との最初の商談のエピソードがある。

先方からの注文は、パイプハウスによる移動式倉庫の建設だった。ちょうど冬物の製品と夏物の製品の切り替えどきであったため、納入期限は三月末。もし「三月二十五日までに完成してもらえれば、納入後に現金で支払いましょう」という注文である。

依頼を受けたのが三月三日。創業者の陣頭指揮の下、昼夜兼行で取り組み三月二十日に完成させた。「スピードこそ最大のサービス」の精神である。

支払いは月末ということで、社員が松下電器産業に出向くと、示されたのは半分は現金だが、あとの半分は手形だった。

これは、話がちがう。しかも、〝納入後現金払い〟の注文書を知った住友銀行（現在の三井住友銀行）が、当座預金の口座を作って待っているのだ。おまけに三月は決算の月でもある。創業者がみずから手形を返しにいくと、先方の経理担当者が目をむいた。

「あんた、いったい手形ってものを知ってるんですか。ウチの協力会社や出入り会社は一万数千あるが、ウチの手形を突き返してきたのは、おたくがはじめてや」

長いものに巻かれるな

松下幸之助に信用がないとでもいうのか、とかんかんである。

相手がまくしたてるのを、およそ三十分あまりも黙って聞いたあと、創業者は口を開いた。

「ひとこと言わせていただきますが、私はおたくの社長さんを大いに信用しています。だからこそ手形を返させてもらったんですよ。いいですか。おたくの現金払いの注文書を見せただけで、銀行は口座を作ってくれた。すごいことです。これほど信用のある会社はめったにありません。

ところが、その約束を破って、半金を手形にすると言われる。これでは松下幸之助さんの信用を、あなた方が落としていることになりませんか。社長さんの顔に泥をぬることになるでしょう」

ここで創業者は、居ずまいを正して言ったという。

「自分の会社の信用を、社員が傷つけるようなことをしている会社とは商売しとうない。品物を返してもらいましょうか」

このやりとりを聞いた当時の松下電器産業の高橋荒太郎専務が、「まあ、こちらへ」と別室にさそい、「石橋さん、あなたの言うのが本当だ。申しわけないことをしました」と、すぐさま現金で支払ってくれた。

さすがは天下の松下電器産業である。そればかりか、高橋専務は、「これからもよろしくお願いしたい」と、移動倉庫の十倍にもなる新しい仕事を発注してくれたというのである。事業家の魂と魂が触れ合った瞬間だったのだろう。

このエピソードは、『追悼・石橋信夫』の本の中で、パナホーム株式会社名誉役員の山下茂男氏も綴っておられるが、後年、この山下氏の仲介で、創業者は松下幸之助氏と懇談、意気投合して交流を深めていくことになる。

人間、仕事を得たいと思うと卑屈になりがちである。長いものには巻かれろ、と思ってしまう。だが、それではいけない。

「商売ちゅうものは、あくまで一対一。相手がどんなに大きくても、こちらがちゃんとした仕事をしている以上、対等や。一寸の虫にも五分の魂。その誇りを忘れたら将来は開けへんぞ」

私は、創業者のこの教えを胸に刻み、今日にいたっている。

8．情勢を読み解け

近年、「KY」という言葉をよく聞く。空気を読むとか、読めないとかの意味だそうだ。空気を読むことも大事かもしれないが、創業者は「情勢を読み解け」と説くのが常であった。いうなれば、「JY」である。

創業者は、たしかに情勢を読み解く達人だった。

創業者が『日本経済新聞』の「私の履歴書・不撓不屈の日々」にも書いていることだが、

じつはこの能力によって、会社の創業資金を手にしているのだ。

一九五〇（昭和二十五）年六月六日、当時、日本を占領していた連合軍総司令部は、日本共産党中央委員二十四名の公職追放を指令。同二十六日には共産党の機関紙『アカハタ』の発行を停止させた。

このニュースを聞いて、創業者はピンとくるものがあった。「戦争が起きるぞ」と直感したという。

創業者はかつて読んだ片山潜（日本の社会主義運動の先駆者）の著書を思い起こしていた。文中に〝日本が戦争に関わる直前には、かならず反政府勢力が弾圧、追放されている〟という一節があったのだ。

たしかに、日清戦争以来、日本の近代史の中で、片山説を裏づける事実はいくらでも挙げることができる。明治三十七（一九〇四）年に起きた日露戦争の四年前には、治安警察法が公布され、左翼弾圧が始まっているし、大正三（一九一四）年の第一次世界大戦の四年前には大逆事件が起きて幸徳秋水ら十二名が刑死。この期に、東京と大阪に「特高」、つまり特別高等警察が設置されている。昭和に入ると、こうした連動はさらに顕著になっていく。

一九五〇年当時も、日本はすでに米ソ冷戦の渦に巻きこまれており、下山事件、三鷹事件、松川事件など、きな臭い事件があいつぎ、レッド・パージの嵐が吹き荒れていた。

スターリン暴落を読む

「戦争は、どこで起きるのか。朝鮮半島に違いない。南北が衝突し、三十八度線が火を噴くぞ、とわしは読んだわけや」

と創業者は語っている。

しかも開戦の日は近い。なぜなら、北半球での戦争は春から夏にかけて戦端が開かれることが多い。冬期の戦闘を避けるためだ。

創業者は三菱重工業、小松製作所、日平産業（現在のコマツＮＴＣ）、東亜燃料（現在の東燃ゼネラル石油）、日石（現在の新日本石油）の五銘柄をえらび、ただちに手持ちの二十六万円を注ぎこんだ。

直後の六月二十五日、朝鮮戦争が勃発。特需で株価は一気に急騰した。

しかし創業者は、あくまで冷静である。戦争の長期化はあるまいと読んだ。アメリカ、ソ連、中国にせよ、先の大戦で国力を消耗し尽くしている。「第三次世界大戦」は各国の望むところではないと。一年半後、株価の天井と思えるところで手仕舞いに入り、結局、五百万円の運用益を得ることになったという。

このエピソードは、まだここでは終らない。一九五三（昭和二十八）年、三月一日、「スターリン倒る！」のニュースが世界を駆けめぐった。

早朝、このビッグニュースに飛び起きた創業者は、顔を洗いながら考えたそうだ。ソ連の最高権力者であり、社会主義国家群のリーダーであるスターリンが倒れたとすれば、自由主義社会にとっては有利な条件であるかに見える。株は上がるだろうか。――いや、逆だ、と創業者は思ったという。

良し悪しは別にして、世界は米ソ両大国の対立構造の中で、均衡状態を保っている。一方の絶対権力者が倒れ、均衡が崩れたら、世界は不安定要素にゆさぶられることになる……。

「株は買いだ」という声も多いなか、創業者は東京海上と平和不動産の値がさ二銘柄を対象に、五百万円を投じてカラ売りに賭けた。四日後のスターリンの死をはさんで、株は見込み通り三段下げとなり、創業者はなんと三千万円を手にすることになった。いまの金額にすれば七億円にもなろうか。

これが、大和ハウスの創業資金になったわけだが、創業者は株のプロでもなんでもない。ただ、国際情勢をふくめた政治・経済の動向に神経を研ぎ澄ましていた結果にほかならない。

「情勢の読み方ひとつで、人や企業を生かしも殺しもするのや」という創業者の言葉は、いまの時代、ことさら私の胸に重く響くのだ。

9.「攻め」と「引きぎわ」

「朝鮮戦争」と「スターリン・ショック」——。第二次大戦の終結後、世界を再び震撼させた二つの大事件である。

創業者は、この機に株式投資に打って出て、当時の金で三千万円の起業資金を得た。ただ、ここで留意しなければならないのは、創業者が「欲」に走っていないことである。

朝鮮戦争では予想通り、軍需関連株はウナギ登りに急騰したし、逆に株価暴落と読んだスターリンの死では、カラ売りがズバリ的中したが、いずれの場合も石橋式株投資はあざやかな引きぎわをみせている。

株のプロではない創業者が、機敏な行動をとれたのは、〝欲ボケ〟しなかったからで、世界の経済情勢をあくまで冷静に読み解いた結果だった。

株の世界では、〝まだはもうなり〟といって、欲をいましめるが、欲からの脱却は、なかなかむずかしいようだ。

昨今の〝百年に一度〟といわれる世界的な経済危機も、考えてみれば、すべて「欲」の産物である。債権の証券化という、空中楼閣を積むようなマネーゲーム。

私たちもその一隅に位置する製造業は、「欲」と無縁であったかというと、そうではない。根拠のない膨張計画に足を取られた企業が世界中に見受けられる。

社員教育のコツ

「〝攻め〟と〝引きぎわ〟。この見きわめが大事やで」

創業者がよく教え聞かせてくれた言葉を、私は今あらためて嚙みしめている。

人間は調子に乗るとつい、まだいける、と思ってしまう。あげくに踏みはずすことになりがちだ。

「深追いは禁物や」という創業者の教えは、みずからの戦争体験からきている、と聞いたことがある。

日中戦争のさなか、中国軍は日本軍の部隊を包囲するとき、必ず一角を開けていたというのだ。完璧な包囲網を張ってしまうと、逃げ場がないと知った相手は死にものぐるいで向かってくる。それでは味方の損害もいたずらに大きくなってしまう。要は相手の戦意を失わしめ、陣地を取ればいいのである。

この教訓は、大和ハウスでは社員教育の上で、大いに活かされた。

たとえば、部下が失敗を犯したり、そうでなくても積極精神に欠けたり、仕事の把握が不十分だったりするとき、上司は叱らねばならない。

ありがちなことだが、これをコテンパンに人格否定に至るまでやってしまうと、部下には反省よりも反発が生じてしまう。叱責も八分くらいのところでやめる。さっと切り上げておいて、「まあ、しっかりやってくれよ」とポンと肩のひとつもたたく。できれば「ところで、こないだのキミの仕事、あれはよかったナ。あの調子でやってくれ」と救いを入れておくといい、——と創業者は常々言っていたものだ。

私自身にも、創業者から叱られた思い出がある。福岡支店長時代のことだが、支店の利益が創業者から見ると、いまひとつ及第点に達しなかったようで、「さア、キミ、どないする？　言うてみい」と詰問された。

「ハイ。さらに売上げを伸ばして利益を出します」と答えると、「わかっとらん！　立っとれ」と雷を落とされて、私は本当に一時間半、立っていた。

その間に、「原価率を下げる」という解答を見出して申し出ると、ニッコリと許してくれたものである。

創業者は部下にはきびしい人だったが、一方で必ず部下が自分の頭で考え、自分の力で解決するように仕向けていた。人材育成にも「攻め」と「引きぎわ」が肝要だということである。

第二章　アイデアは金では売るな

10. ものごとの裏を見よ

「ものごとを片方だけから見とったらあかん。表、裏、側面、内部からと、あらゆる角度から見る。そこから新しい発想が湧くのや」

創業者は私たち社員に、いつもそう教えてくれた。

たとえば、ここにコップが一つあるとする。透明な液体が入っている。これを見て、「コップに水が入っている」というところで止まってしまうのは、タダの人、凡人だ。

「それでは、創造はできへんゾ」と創業者は言う。

それはただの水か、塩水か、あるいは酒だろうか。分量は？　温度はどのくらいか。「そこまで観察をつきつめなんだら、新しいアイデアは生まれてくるものやない」というのが創業者の信条であった。

ここに書き止めておきたいのは、創業まもない大和ハウスの大躍進の契機となった「ミゼットハウス」の開発秘話である。

創業者は鮎釣りが趣味で、釣りの話になると、細い目がいっそう細くなるのだが、

「それがな、妙に気になることがあったんや」

というのが、〝伝説〟の語り出しである。

一九五九（昭和三十四）年のこと。猪名川《いながわ》で一日、鮎を釣って竿を納めようとすると、川べりに子供がやたらと多いことに気がついた。しかも、日暮れが迫っても帰ろうとしないのだ。

「ぼん。はよう帰らんと叱られるぞ」と声をかけると、その子は意外な返事をした。

「帰ってもしゃあない。居るとこないねン」

勉強部屋も遊ぶところもないのだ、と皆が異口同音にいう。

「そうか。〝台風人口〟のせいやな」

と創業者は思ったそうだ。

現代版・三種の神器

戦後、一九五一（昭和二十六）年までに生まれた子供は千四百万人に及ぶ。ベビーブームとも団塊の世代ともいうが、創業者は「台風人口」と呼んでいた。

一九五九年というと、日本経済が高度成長のきざしを見せはじめた年だが、まだ家族数に見合った住宅が普及するには至っていない。子供たちは、親や兄弟と一緒に、狭いスペースに鮨詰めになった〝部屋なき子〟なのだった。

「よしッ。この子らに独立した勉強部屋を作ってやる！」

創業者はただちに会社の技術陣に研究開発を命じた。条件は①三坪以下②坪四万円以下③三時間で建つこと、の三つであった。三坪なら庭先に建つし、建築許可が要らない。三時間で出来あがれば、四人の作業班が一日二棟建てられる、という計算があった。

完成したのは、コンクリートブロックを土台とし、軽量鉄骨を柱に、ハードボードを組付けるタイプで、風速五十メートルに耐える強度を保った。六畳型十一万八千円、四畳半型十万八千円と、創業者が出した条件はほぼクリアされた。名前は、超小型という意味で「ミゼットハウス」とつけられた。

発売と同時に会社の電話は鳴りっぱなしになったという。全国二十七ヵ所のデパートに実物を置いたところ、〝デパートが家の販売に乗り出した〟と話題になり、マスコミも、国民車、ルームクーラー、ミゼットハウスを「現代版・三種の神器」とはやしたてた。

用途も、勉強部屋にとどまらず、書斎、隠居部屋、親と同居の若夫婦用と、ユーザー側の要望がどんどん拡大していった。まさに日本の生活文化史を画す商品となったのである。

もしも、創業者が川に立って、漫然と〝子供が多いナ〟と思っただけであったら、ミゼットハウスは生まれず、住宅の工業化も大幅に遅れていただろう。

「下駄にも表裏がある。ものごとの裏を見ろよ」という創業者の教えが、身にしみるのである。

11. アイデアは金では売るな

「眼光紙背に徹する」という言葉がある。

書物の裏側まで見通すくらい、奥深い意味をつかむことだそうだが、「ミゼットハウス」を着想したときの創業者のひらめきは、まさに〝眼光紙背〟というほかない。

〈川べりに群れる子供たち〉を目撃したことと、〈独立した勉強部屋を量産〉することとの間には、大きな海峡が横たわっている、といっていいくらいの隔たりがある。これを跳び越えたのは、並の脚力ではない。

じつはここに、一つの飛び石があった。

この年、一九五九（昭和三十四）年のはじめ、神戸市の教育委員会から、創業者はこんな相談を受けたという。

「戦後のベビーブームの子供たちで、小学校はどこも教室が足りません。といって、増築して五年もすればブームの子供たちは中学に移り、こんどは教室が余ってしまうのが目に見えている。なにかいい方法はありませんか」と。

このとき創業者が編み出したのが、「移動教室」だった。小学校のふくらんだ学年に合わせてパイプハウスで教室を特設し、いずれ中学校へ教室ごと移動する。この妙案はすぐに採用となり、神戸市立中道小学校に第一号を納入した。

これ自体、卓抜なアイデアだったが、ベビーブームとその容れ物、という〝予習〟がなされていたことが「ミゼットハウス」を生み出す上で大きかったのではないかと思われる。


「新婚ハウス」


「三時間で建つ三坪十一万円の家」ミゼットハウスは大評判を呼んだのだが、ここで思いがけない反響があった。ある大手の家電メーカーが「ミゼットハウスの名称とアイデアを二億円で買いたい」と申し入れてきたのである。

資本金五千万円の若い会社にとって、二億円は、じつに魅力的な金額である。「私は正直、やったと叫びたい気持ちだった」（『私の履歴書』）と、そのときの創業者の高揚感が記されている。大いに心も動いたという。しかし、断わった。アイデアは社員みんなの汗と脂の結晶だ、安易な道を選ぶな、将来に賭けよう、と決意したのだった。

「ミゼットハウス」は、従来の、注文を受けて施工するという建築業界の常識を打ち破り、前もって部材を作っておく見込み生産方式を開発したものだからだ。大量生産によってコストを下げ、短期間に大量の注文に応じることを可能にしたのだ。住宅の工業化の原点がここにあった。

やがてユーザーからさまざまな注文が舞い込みはじめた。「トイレをつけてほしい」はわかるとして、「台所はつけられないか」とも。

なに？　子供が料理するのか、と創業者が注文を受けた営業担当者にたずねると、「ちがいますよ。おとながミゼットに住みたがっているんです」という返事である。

息子夫婦の部屋を敷地内に作りたい、趣味の部屋、隠居部屋、仕事場にしたいというユーザーも現れた。

本来、商品というものは、メーカーが意図した以上の多様な使い道をユーザー側が考え出してくるものだ。また、そういう商品でないと、ヒット商品にはなりにくい。

ユーザーの創造性あふれる使用目的に引っぱられるようにして、翌一九六〇（昭和三十五）年に「ミゼットハウス」より大型の「スーパーミゼットハウス」を売り出す。トイレと台所を組込み、別名「新婚ハウス」と呼ばれるものだが、これこそ、大和ハウスが一般住宅を手がけるスタート台となるのである。

「アイデアを金では売らない」

その我慢によって、未来を拓いた創業者だった。

12. 商品は三年後には墓場へやれ

創業者が残した数々の名語録のなかでも、そのインパクトで一、二を争うのがこの言葉ではないだろうか。

「商品は三年後には墓場へやれ」——。

新商品の「ミゼットハウス」が〝三時間で建つ十一万円の家〟ともてはやされ、ある大企業がその事業全体を買い取りたいと言ってきたほどの大ヒットを記録していながら、この言葉である。驚嘆するほかない。

人間、誰しも自分が生みだした作品には愛着があるものだ。そこには汗と脂がぎっしり詰まっている。しかし、あえて冷徹に見切りをつけないと、愛着はやがて執着に変ってしまう。

「人気商品にあぐらをかいたら、すぐ飽きられる。わしらは〝明日の没落者〟やぞ」

「ウチの新製品を見たライバル社は、今日からこれをしのぐ商品の開発に取りかかっとると思え」

「売れ行きが落ちて、しまったと思っても、もう遅い。何か次の商品を、とあわててもそんなときはロクなものはでけん」

創業者はこういう言い方で、私たち社員に現状への安住をきびしく戒めた。

創業者はまた、傾倒する三洋電機の創業者・井植歳男氏とも、この精神の共鳴を感じたと述懐していたものだ。

自分が「過去」を作る

ある時、三洋電機の技術陣が苦心のすえ、ようやく開発した新製品の第一号を井植社長の眼前に差しだしたところ、氏はじっくりと検分、にっこりと「うん。ようできとる。よ

うやった」と褒めたたえた後、言葉をつづけて、

「さァ、この次の製品の開発にとりかかろう。諸君、今日からスタートや」

と言った、というのである。

このシーンを目の前に見た創業者は、

「わしは、ほんま、背筋がゾクッとしたな」

と、その感銘を語っていたものだ。

口でいうのは簡単だが、これは容易なことではない。

自分のことで恐縮だが、技術の革新ということでは私にも数々の体験がある。

大和ハウスの特建事業部長として、システム建築を手がけていた一九八四（昭和五十九）年。技術陣にアタマの切り替えを求めたことがある。

「無足場」「無コーキング」「無熔接」「無塗装」で建物をつくってみろと言ったのだ。つまり「4M工法」である。

足場はなぜ必要か。建ち上げたビルに塗装するためだろう。それなら、パネルにあらかじめ塗装をすませておけばよい。パネルをつなぐのにコーキング（充填剤）を使うのが常識化しているが、耐火性のシリコンゴムに替えてみろ。鉄骨の熔接にはコストもかかるし、

職人の腕しだいで品質にバラつきが出る。すべてハイテンションボルトで留めてみたらどうだ。それなら高度の熟練は必要としないだろう。

「そんなことはできません」

技術陣が猛反発してきたから、私は言った。

「試してみてから言いなさい。キミらの頭はカンカチや。既成概念でこり固まっとる。今日の技術は、明日には〝化石〟になると思わないかん」と。

いまや高層ビルの建築現場にも、足場など無いのはごらんの通りで、おしなべて「４Ｍ工法」である。

しかし、技術者というものは、とかく自らの習得した技術に自信を持っているだけに、新しいステージをめざすのには、強い牽引力が必要になってくる。たとえていえば、三十輛立ての貨物列車を牽引する機関車のようなパワーが。創業者にも、井植歳男氏にもそれがあった。

中国の古典に「我よりいにしえを作《な》す」（自我作古）という言葉があると聞いたことがある。自分こそが「過去」をつくっていく、との壮絶な決意を示す言葉だそうである。

「商品は三年後には墓場へ」とはまさに、創業者の、「自我作古」の決意そのものではないだろうか。

13. お金のないほうが商売は儲かる

松下電器産業の手形をお断わりしたことが縁となって、創業者は、松下幸之助氏と肝胆相照らす間柄となり、「人生の師匠」と傾倒していたものだ。その松下氏の教えとして、創業者が私にも語り聞かせてくれたのが、

「お金ができたら商売は儲かりまへん。お金がないほうが儲かるもんや」

という言葉だった。

世間ではふつう、逆に考えている。

金がないから事業拡張ができない、とあきらめてしまう。

「ゼニがゼニを呼ぶ」という諺だってある。

しかし、松下氏はそうではないと言い、創業者もなるほどと痛感する出来事があったという。

一九五七（昭和三十二）年には、パイプハウスに続いて、大型の鋼管構造建築も軌道に

乗った大和ハウスは、関東にも翌年、工場を建設することになった。

用意した資金は、増資で得た一千万円。用地は一万五千坪以上ほしい。目星をつけた東京・府中にいってみると、土地はたっぷりあるものの、坪三千円。これでは三千坪しか買えない。次に八王子で探してみたが、こちらは坪三千五百円だという。

創業者は、これっぽっちの資金で東京進出とは、どだいムリな話かと弱気になりかけたが、ナニクソと思ったとき、苦しかった軍隊時代のことを思い出したという。そうだ、相模原には軍の広大な演習場があったはずだと。

お宝がざくざくと

相模原の市役所で聞いてみると、周辺の地価は坪千円以下とのことで、ちょうど電電公社（現在のNTT）の一万五千坪の廃工場が売りに出ていることがわかった。しかも事務所までついている。

これだ！　と公社の本社を訪ねると、応対に出てきた管理課長がいきなり、「石橋さんじゃないですか！」と叫ぶではないか。なんと、シベリア抑留の苦労を共にした将校仲間のK氏との、思いがけない再会だったという。この戦友の力添えもあって、一万五千坪を千三百万円で買うことができた。

もうひとつ後日談があって、この相模原の土地は、かつて駐留した米軍の送電塔が設置されていたところで、米軍の撤退時に解体して埋めていたらしく、基礎工事で掘り返していると、鉄骨や銅線のついた碍子《がいし》がざくざくと出てきた。

黙っているわけにもいかないので、公社に報告すると、「もうあなたの土地ですから、ご自由に処分して下さい」との返事。それではとスクラップ業者をよぶと、六百万円で引き取るという。なんと、土地代が半値ちかくになってしまったのだ。

もしも、関東進出にあたって、潤沢な資金を持っていたら、広く周辺を調べもせずに、府中や八王子の高い土地を買っていたにちがいない。

まだ産業基地として着目されていない相模原だったが、大和ハウスが工場を建てたのを皮切りに、広大な土地に続々と企業が進出し、その工場建設を大和ハウスが片はしから受注するという、大きな商機をもたらしたのだった。

松下幸之助さんが言われたのは、このことだナと、創業者は深く得心したという。まさに〝お金がないから商売ができた〟のである。

――このケースは、あくまで縁や幸運があっての特例かもしれない。

松下幸之助氏の言わんとされたことは、おそらく、カネに驕《おご》り浮かれることなく、モノ作りの原点を見据えることが企業発展の道、ということでもあったのだろう。そして、その精神を深く理解し、生涯追求し続けたのが石橋信夫という事業家だった。

〝ゼニがゼニを呼ぶ〟錬金術が招いた、昨今の世界的な経済危機をまのあたりにするとき、創業者の「お金のないほうが商売は儲かる」という、この言葉が重く響いてくるのである。

14. 人事を処するに太陽のごとくあれ

春四月は人事の季節である。

人事において、もっとも大切なことは何か。それは「公平性」である、というのが創業者の信条であった。

「人事を処するに太陽のごとくあれ」

――世をあまねく照らす太陽である。その光は、わけへだてなく、誰の頭上にも平等にふりそそぐ。いかなる私情もまじえず、公平な眼で事に当たれ。

創業者はこの鉄則を終生つらぬき、あらゆるレベルの管理職にも、それを要求した。

ここでいう、「人事の公平」とは、何であるか。

同期入社はみんなそろって課長に昇進？　早合点をしないでいただきたい。真の「公平」とは何か、を考えねばならない。

太陽のエネルギーによって地上に芽生える植物は、背の高いものもあれば、低いものもある。太いのも細いのもある。桜にしても、一本の樹の南側の枝は、北側の枝より数日はやく花をつけるものである。

しかし、一日早く咲くのがよいか、三日遅れて咲くのがよいか、それはまだわからない。見る人によって異なる。

これを人事に即して言うなら、一足はやく課長職につく者も、条件によっては出てくる。早いか遅いか、どちらがその人のためになるかは、本人の資質と状況によって決まってくる。

〝遅咲き〟も大切な花

開花をむりやり同じにしむけることが平等なのではない。その人の個性、条件に応じて存分に生かしていく。しかし、その判断を下すについては、いかなる私情もまじえない。

これが鉄則である。

そもそも、近ごろの平等観は少しおかしいのではないか？

創業者は常々、そうした疑問を口にしていた。

幼稚園や小学校の行事をのぞいてみるといい。

学芸会で「白雪姫」を演じると、多くの女子生徒が場面ごとに交代で白雪姫役をつとめる。

五十メートルの徒競走をやると、足のはやい生徒はゴールテープの前で足踏みをして遅い子を待ち、みんなで一斉にゴールする。じつに奇妙な光景である。平等をはきちがえて、個性を殺してしまっている。グラウンドの英雄がいてもいい、教室のヒロイン、舞台の花形がいてもいいのである。

一方で、戦後教育の結果か、人々の価値観が画一化されてしまった。「幸福な人生」とは、一流大学を出て一流企業に入ることだけだろうか？　そんなバカな話はない。

吉野の材木商の息子であった創業者は、だれよりも森を見るのにたけていることを誇りにしていた。戦前の子供たちはみんなそうで、魚屋の子は誇りをもって魚屋を継ぎ、瓦職人の子は喜んで屋根に上ったものだ、と創業者は言う。

いまでも、聞くところによると、フランスでは「グラン・ゼコール」(国立高等学院)に行った人には、シラク前大統領やゴーン・ルノー会長のように、ご苦労さまでも国家や大企業の経営を担ってもらい、パン職人は最高のパンを焼くことに誇りを持つ。それぞれが、自分に合った仕事にいそしみ、それが幸福なことだと考える。そういう多様な価値観がしっかり根付いているのだという。私たちにとっても学ぶべきところが多い。

——人事においても、悪平等に陥ることなく、各自の個性をあたたかく、偏りなく見極める。その上で創業者は、こうつけ加えることを忘れなかった。

「早咲きも、遅咲きも、会社にとってはみんな大切な花や。いばることはない。くさることもないのやで」

15. 大きなダイコンは間引きせよ

一流の経営者というものは、それぞれ優れた「人材育成法」を持っているものだといわれるが、創業者のそれは、じつにユニークで秀逸なものであった。

家庭菜園の経験をお持ちの方はごぞんじだろうが、畑に大根のタネを蒔いておくと、日光も雨も肥料も平等にかかっているのに、大きい大根と小さい大根ができてくる。組織でいえば、早く能力を発揮しはじめる人材と、十分に力を出せず埋もれがちな人材がいる。

ここで管理職が、成長の遅れている人材を、「こいつはダメだ」と決めつけてしまってはいけない。

よく、「ウチの課にはロクなのが配属されないから仕事にならない」とぼやく管理職がいる。そういうとき創業者は、「キミは部下に、仕事ができるようにしてやったか」と管理能力をきびしく問うのが常であった。むしろ、管理職の「掌握・指導の能力」の問題であると。

では、どうしたらいいか。

もういちど大根の喩《たと》えに戻ると、大きい大根と小さい大根ができたら、ここで大きい大根を引き抜いてみる。太く大きい大根は、畑の栄養分をひとりじめしていたので、それが引き抜かれたあとに残った大根は、十日、二十日とたつうちに、むくむくと成長してくる。

人事もこれと同じだ、というのが創業者の持論であった。

「大きなダイコンは間引きせよ」である。

荒れ地の試練に耐え

たとえば、有能な課長のもとに、十人の課員がいるとする。課長はぐんぐん成長するけれども、このままでは課員が伸びない。依頼心が生ずるからだ。そこで課長には折を見て、あたらしい仕事を与える。大きな大根を別の土地に移しかえるわけである。で、残った十人のうち、誰かを課長職につけるかというと、すぐにはつけないのである。しばらく放っておく。十人には、リーダーを失った不安と危機感が、また一方で自覚と意欲とが生じる。十人の間で競争しながら、けんめいに成長していく。三ヵ月もすれば、まとめる人間が自然と決まってくるものだ、と創業者は言う。

大きな大根は、次々とあたらしい土地に移しかえていく。そこはまだ開墾されていない荒れ地であるかもしれない。しかし、その試練に耐えた大根は、さらにたくましく成長していくはずだ。

私は、大和ハウス本社の住宅営業部部長代理だった三十六歳のとき、山口支店の支店長を命じられた。

当時から私は、「現場主義」を信条としていたので、着任の日に「自分がすべての現場を見る。先頭を切って営業する」と宣言すると、その日から県内を駆け回った。住宅用地の買収は、すべて自分の目で現地を見て、即断即決した。

動きの鈍い部下にビンタをくらわせたこともあったのは、若気のいたりであったが、なんとか一年間で、山口支店を売上げ人員対比の「効率ナンバーワン支店」にすることができた。

すると今度は、「赤字の福岡支店を建て直せ」との創業者からの命令である。のちに一九九三（平成五）年、売上げ高の二倍もの有利子負債を抱えた大和団地の社長をやれと命ぜられたときの苦闘をはじめ、私自身、荒れ地に移しかえられる中で成長させてもらった。そのことでは、創業者にはことばで表わせないほど感謝している。

そうしたエピソードの数々は、拙著『熱湯経営』（文春新書）に綴ったが、創業者の晩年、いつものように二人で経営をめぐる対話をしていたある時、

「それにしても、荒れ地に耐えかねる大根もありますやろな」

とたずねてみると、創業者の答えが凄かった。

「枯れたら、それまでや」

16. お義理とおざなりではダメだ

私は、創業者から、「役員、管理職をよう見とってくれよ。教育してくれよ」と、何十回となくいわれてきたが、管理職教育については、じつは創業者自身の卓抜な語録がある。

「管理職は〝料理人〟であれ」――である。

管理職の方々は、上からの指示を、もしやそのまま部下に手渡していないだろうか。一度、胸に手を置いて考えてみてほしい。

社長指示とか本社指示とかいうものは、いわば泥のついたジャガイモなのである。泥のついたまま渡しても、だれも食べようとしない。やがては台所の隅で腐って捨てられてしまう。

それでは会社はダメになる。

ジャガイモの泥を洗い、調理して味をつけ、箸も添えて部下に与えたなら、みんなが食べるのではないか――という趣旨である。

たとえば、本社から支店宛に「貴店においては、今期は住宅五十億円の売上げを完遂されるべし」との指示がきたとする。

するとそのままの形で「きょう、本社からかくかくしかじかの指示がきたので、みんな完遂に努力してほしい。以上」と上司が泥のついたまま部下に投げ与えているケースがままあるようだ。これでは部下は、食べようと思っても、どこから食べていいかさえわからない。

管理職の仕事は、これを料理することにある。
・支店管轄下のどの地域ごとに、どのように割り当てて達成させるか。
・部員のだれとだれを、どう配置して営業させるか。
・どんな提案、どんな方法で売り込むか。
・一期で五十億円なら、一ヵ月平均四億一千七百万円だが、季節的な周期変動も考慮して、四月はいくら九月はいくらと、各月ごとの目標値を設定する。
こうした指示があってはじめて、部下は明確な方法と目標を持って動くことができる。管理職たる人は、ここにおいてはじめて部下を、仕事を、確実に把握したといえるのだ。

〝泥のついたジャガイモ〟については、私にも忘れがたい記憶がある。

大和団地の社長だった私が、創業者から大和ハウス工業との合併を告げられ、新生・大和ハウス工業の経営を託された二〇〇一（平成十三）年の四月一日の朝。私は大会議室に六百人の管理職を集め、新たなチャレンジを訴える訓示を行った。

散会したあとは、各部門の朝礼で新社長訓示の伝達が行われているはずなので、私は大会議室のある本社二階から十五階まで、階段を上って順次、各フロアを見て回った。管理職はいま聞いた訓示をどう咀嚼《そしゃく》し、部門なりの事情に合わせた肉づけをして、部下に伝えているか。それを、この眼で見ようとしたのである。

ところが、百人ほどの部員のいるある事業本部に行ってみると、担当役員が訓示を述べているらしいのだが、最後列に立って聞くと、何一つ聞こえない。

隣に立つ若い部員に「キミ、聞こえとるのか」と尋ねると、「聞こえません」と言う。聞こえないと言わない部員も、おかまいなしの担当役員も共々に無責任だ。ジャガイモが泥のついたまま放り出されている。

新しい一歩を踏み出す日だというのに、一片の緊張感すらない。お義理とおざなりのオンパレードだ。

「こらあッ！」と私は最後列から大声で怒鳴った。「こんな朝礼、マンネリと形式主義のかたまりやないかッ」と。

このエピソードは、拙著『熱湯経営』にも記したが、いま思い返しても、あの日の怒号は、まさに創業者が私に乗り移っていたとしか思えないのである。

17. 障害に逢いて勢力を倍加す

創業者の人物像といえば、創業者を知る人々が一様に挙げるのが、「不撓不屈の精神」である。

それは、シベリアでの抑留中はむろんのこと、その生涯に何度も発現したが、なかんずく会社の未曾有の危機において発揮された。

一九六四（昭和三十九）年四月六日。一本の電話が「事件」の発端だった。

「大変です。おたくの株が売り叩かれていますよ」

大和ハウスの総務部長宛にかかった、証券会社からの電話だった。金繰りに困って倒産、という噂が流れているというのだ。

そんなバカな、と絶句するうちにも、問合せが殺到する。「銀行が融資を断ったらしい」「業績不振で大幅の減配か」「証券会社が見放した」――根も葉もない噂が噂を呼んで、株価は一時、四十六円安の百五円まで急降下した。

この年、一九六四年は、高度成長を続けてきた日本経済の大転換の年だった。前年度の貿易収支が大幅赤字になったため、日本銀行が金融引き締めにかかり、景気は一気に後退。ついには翌年、山陽特殊製鋼の〝戦後最大の倒産〟が生じる。急成長企業が相ついで倒れるなか、大和ハウスも同類かとみなされたのだった。

たしかに、企業の設備投資に依存する鋼管構造建築部門は、売上げが半減に近いレベルに後退していた。とはいえ、財務面にはまったく不安はない。

みんな、性根を据えろ

大和ハウスは、けんめいに実態説明につとめた。

「短期・長期の借入金三十四億円に対し、預金は現在三十四億八千万円ある」

「手形割引二十八億円に対し、手持ち手形は十五億円。預貸率は五四パーセントで心配ありません」

必死の説明にもかかわらず、地方の支店からの悲鳴があいつぐ。

「大型工場を受注したのに、資材を納入してもらえません」

「現金取引にしてくれといわれた」

「取引は商社経由で、との要望がなされています」等々。

危急存亡のときであった。

創業者は、「みんな、性根を据えろ」と叱咤した。銀行から二億円を借入れて、支店や工場に資金をプールし、取引先から現金決済の求めがあればいつでも応じられる態勢をとって、信用の保持につとめた。

夏の終わりに、ようやく風評が沈静化したのも束の間、証券市場全体の動揺から、十二月に入ると大和ハウスの株が七十円台にまで急落。状況はさらに悪化していた。

原因は、ある得意先の倒産によって大和ハウスに四十億円の不良債権が生じたことが一つ。そして、株価の防戦買いのために、賞与の支給が遅れていることにあるらしかった。

出張先の台北から急遽帰国した創業者は、「株式の防戦は一切やめろ。賞与をただちに支給せい」と命じた。

一方で、社内の引締めにかかる。百数十台あった社有車を六十台に減らした。創業者は戦傷で足が不自由なのに、率先して電車通勤に切りかえた。その姿に、心ある社員は皆、涙したという。

創業者の胸には、この間、かつて永平寺第七十一世貫首の高階瓏仙禅師《たかしなろうせんぜんじ》から与えられた「水五訓」の第三訓「障害に逢ひて激して勢力を倍加するは水なり」の教えが常にあったと後年、私は聞かされている。

創業者は、パイプハウスのセールスに全国を駆けめぐっていた一九五五（昭和三十）年のこと、将来を見定めようと、座禅を組むべく永平寺にとびこんだという。三日間、一心に籠もらせていただいたあと、貫首さんにお礼に出向くと、禅の教えをさとしてくださったうえで、筒に入れた巻紙を手渡してくれた。そこに記されていたのが、「自ら活動して他を動かしむるは水なり」で始まる「水五訓」だったというのである。

創業者は不屈の闘志で陣頭指揮をとり、経費を節減し、受注をしっかり選別。売掛金の回収については、得意先から続々とありがたい協力が得られた。

危機は、乗り切った。

重い苦難であったが、思えばこの試練こそが大和ハウスをして、鋼管構造建築主体の事業から、プレハブ住宅と都市開発へとシフトしてゆく第一歩を促したのだった。創業者の目には、はやくも新しい道が見えてきていた。

第三章　矛盾があってこそ、会社は発展する

18. 人間の決算は「人間力」だ

私は、この本の執筆をすすめるにあたり、私自身の役割りについて、心に決めていることがある。

それは、〝語り部〟に徹することである。

「石橋信夫」という稀代の事業家の風貌、その哲学、その事績をお伝えすることが、今の時代に大きな意味を持つと思えばこそ、私が直接、創業者の言葉を聞き、教えを受けたことに加えて、私の知らない時代のことについては、経済界の諸先達や社の先輩諸氏から伝え聞いたこと――、そうした挿話の糸をより合わせた上で、語り継ぐ役を務めたいと思っている。

一九六四(昭和三十九)年の大不況のさなかに生じた大和ハウス最大の危機をめぐっては、〝語り部〟としてぜひ記しておきたいのが、各方面から寄せられたあたたかいご支援のエピソードである。

世間では、大和ハウスは「年が越せまい」と噂され、株価も六十五円まで急落していた十二月、創業者のもとへ、株主である富士製鐵（現在の新日本製鐵）の田坂輝敬《てるよし》副社長（当時。のち新日鐵社長）から、至急逢いたいとの電話がかかってきた。

急ぎ上京すると、田坂氏は創業者と顔を合わすなり、

「えらいことになっとるナ。資金はどのくらい用意したらいいんだ」

と尋ねてくださった。

地獄まで持っていけ

創業者は、こう答えたという。

「ご厚意はありがたく思います。ですが、私としては富士製鐵さんから金をお借りするつもりはないです」

「キミも変った男だな。困ったときはお互いさまじゃないか。それともなにか秘策があるのか」

「いや、特別な秘策があるわけやないです。しかし、わが社の経営そのものに、私は自信を持っとります。ご心配なく。かならず挽回してみせます」

「いいじゃないか。貸した金は、地獄まで持っていくなら持っていけよ」

なんという、ありがたい言葉だったか――、と創業者は回想している。しかし、そのご厚意は辞退し、結果としては富士製鐵が大和ハウスの株を買い増し、筆頭株主になるという形を経て、地盤が固まっていったのだった。

もう一例。

サッシを納入してもらっていたナニワ工機（現在のアルナ車両）の日比憲一社長の俠気《おとこぎ》である。

〝大和ハウス倒産必至〟の風評のなか、日比社長は留守中の創業者宅を訪ね、「お役に立ちたいのですが、私にはこれくらいのことしかできません」との言葉とともに、二千万円の預金通帳と印鑑に、鯛一尾を添えて置いていって下さった。

じつは、ナニワ工機さんには逆に、支払わねばならない四億円の買掛金があったのである。担保がなければもう資材は売らないという企業も多かった中で、個人のお金を使ってくれというご厚意は、創業者にとって涙の出るほどありがたいものであった。そこまで「石橋信夫」個人を信頼して下さるか、と勇気百倍する思いだったという。

「もったいなくて、到底、これは使えません。鯛はありがたくいただきますが、お金はお返しいたします。ご厚意に心から感謝いたします」と、通帳と印鑑をお返しした。

「さいごのさいご、人間の決算は〝人間力〟やぞ」と創業者はこの時のことを振り返っては語ったものである。たしかに、田坂氏にも日比氏にも、大きな「人間力」を感じる。

そしてまた、私から見ると、そうした絶大な信頼と厚意を寄せられる石橋信夫という人物もまた、「人間力」があったからこそだと思われる。信頼と信頼の絆であろう。

19. 人に嫌われるのがイヤな者は、経営者になるな

高度成長から、一転して大不況へという、日本経済の分水嶺となった一九六四（昭和三十九）年。証券界で人気を集めた成長企業の多くが倒産の憂き目を見るなかで、大和ハウスもまた〝倒産必至〟との風評に翻弄され、株が売り叩かれた。先行きを警戒されて、せっかく受注した仕事の資材さえ入ってこない。

この危急存亡のとき、創業者はまず、企業の贅肉を徹底的に切り捨てる決意を固めたという。

イメージしていたのは〝製紙王〟と呼ばれた藤原銀次郎氏（元王子製紙会長）と、小林一三《いちぞう》氏（元阪急電鉄＝現在の阪急阪神ホールディングス＝会長）の、事業再建のノウハウで

あった。

藤原氏は三井物産から経営不振の王子製紙に赴いて再建を果たし、小林氏は東京電燈（現在の東京電力）に請われて、その復興を成し遂げているが、二人とも手法はおなじで、経費も人員もすべて三分の一に減らし、贅肉を落とすところから始めている。

大和ハウスはこの時、創業からちょうど九年。成長につぐ成長のなかで、中途採用をくり返し、社員数は二千三百人にふくれあがっていた。創業時の社員たちの、寝食を忘れるほどの熱気と緊張感が、この二千三百人すべてに行き渡っているとはいいがたいのも、事実だったという。

「去る者は追うな」

倍々ゲームの成長に驕る空気が社内に生じ、いささか放漫のきらいがあった。〝噂〟の背景を、不況のせいにばかりはしていられなかった。

「役職はみんな下げろ。次長は〝工場長付き〟にしろ。それでも、ついてくる者はついてくる。去る者は追うな」

と創業者は命じた。そして徹底した経費削減を行ない、みずからも車を捨てて電車通勤を励行した。

役職の切り下げは苛酷な処置でもあったろうが、そのかわり、ひとりとして退職勧奨はしていない。そこが、昨今の不況下の企業と違うところである。モノよりも人を大切にする「石橋哲学」であった。

しかし、創業者の心を知らず浮き足立った者たちからは、引締めに対して怨嗟と不安の声があがり、辞表を出す社員が五百名にのぼった。私はこの前年、中途入社したのだが、十七名いた中途入社の同期生は、気がつくと私ひとりになっていた。そういう状況にも、創業者は一切、たじろぐことがなかった。

「嫌を避くる者は、みな内足らざるなり」（避嫌者　皆内不足也）という言葉が中国古典の『近思録』（朱熹《しゆき》・呂祖謙《りよそけん》の共編）にあると教えられたことがある。人から嫌われることを恐れる者は、心の修養が足りない、という意味だそうである。

誰しも〝いい人〟と見られたいのが人情だろうが、あたたかいだけの〝情の人〟は部下や取引先から真の尊敬は得られない。自分を良く見せたいと思っていると、土壇場の決断を失敗する。真のトップたる者は、怨嗟と孤独に耐える強い心を持たねばならないのだ。

私は、大和ハウスのグループ会社、大和団地の社長から大和ハウスの社長へと引き戻された時、〝豊かボケ〟していた会社を再生させるべく、いわゆる「熱湯経営」を打ち出した。給与カット、賞与カットを断行し、かつてのハングリー精神、野武士の魂の復活をうながした。はたせるかな、ネット上でも怨嗟の声が渦巻いた。

ある日、能登で養生中の晩年の創業者との対話の中で、

「経営者ちゅうのは、つくづく孤独なもんですな」

と言うと、創業者はこう答えたものだ。

「会社が〝仲良しクラブ〟になったらしまいや。会社には怖がられる役、嫌われる役が必要で、わしはそれを、四十五年やってきた。人に嫌われるのがイヤな者は、経営者になるな、ちゅうことや」

20. ブームはみずから起こせ

ブームというものについて、どこからか「来る」ものと思っている人、「来たら乗ろう」と思っている人が多い。

ちがう。

ブームは、みずから起こすものだ、というのが創業者の信条であった。

一九六三（昭和三十八）年の四月二十五日、車がはげしく行き交う大阪駅西口の中央郵便局前に、本邦初の大型歩道橋が出現した。高さ五・五メートル、幅四メートル、長さ四十七・五メートルの、鋼管併用による鉄骨熔接の橋で、私たちがはじめて見る〝空間の新しい道路〟だった。

このアイデアを考えついたのが、創業者である。

大和ハウスの本社を日本橋から西成区に移してまもなく、社屋の前を通る国道二六号線は日に日に車の往来が多くなり、人身事故もふえた。とくに子供の事故が多く、石橋家の食卓でも子供たちに「車に気ィつけや」と諭す毎日だったという。いわゆる交通戦争の幕開きであった。

――車道を渡らんかったら、ええのや。

と、創業者は思った。そうだ、横断歩道を持ち上げたらいい。地下道では工費もかさむし、防犯上も問題があるかもしれない。うん、空中の学童安全陸橋をつくろう！　これは人道上の問題だ。鋼管を使えば堅牢なものができる。

日本の風景を変える

アイデアがひらめいた時の創業者は、実行に移すのも早い。

この考えをさっそく「交通戦争に挑戦する」と題した論文にまとめると、『日本経済新聞』の記者をつかまえて説いた。記事になると大きな反響があった。

創業者は言った。

「大阪市に横断歩道橋を寄付します。場所は、どうせなら一番車が多く人通りも多い梅田の駅前に設置しましょう。私たちの得意とする鋼管構造建築で、こんなものができるというところをお見せしますよ」

もともとは子供たちの安全を願う切実な気持から発したアイデアだったが、それが結果的に、ちゃんと鋼管構造のPRにもつながっているところが、創業者の面目躍如である。

大阪駅前だけではなく、小中学校の通学路で、幹線道路をまたぐ危険な箇所に、片っ端から設置しましょう——と大阪市と大阪府警に提案すると、ねがってもない、との返事である。

ただ、なにぶん前例のないことなので、構造や施工法などについて関係官庁の許可がおりるまで、しばらく時間がかかった。

その間、創業者はボランティアの輪を広げようと、数社の製鉄会社の営業所長に鋼材の寄付を呼びかけたが、あまり色よい返事がない。

たまたま、東海製鐵の火入れの式典で、川崎製鐵の西山弥太郎社長（故人）と同席した折にこの話をすると、感銘を受けた西山社長は、「それはいい。やりましょう」と即答してくださったという。

こうして、大阪駅前の歩道橋は、大和ハウス工業と川崎製鐵の二社による寄贈ということになった。

創業者の果断な動きにうながされるようにして、政府も一九六六（昭和四十一）年、『交通安全施設等整備事業に関する緊急措置法』を公布。助成もついて地方自治体も設置に動きやすくなった結果、歩道橋は全国に広まってゆく。大和ハウスの受注も急増した。

都市の風景、いや、大げさにいえば日本の風景を変えた歩道橋ブームは、こうして、ひとりの事業家の手によって「起こされた」のだった。

この記念すべき歩道橋は、西梅田再開発事業にともなって一九九一（平成三）年、役割を終えて撤去されたが、その欄干の一部が大和ハウスの総合技術研究所に保存展示されている。

21. 〝あちゃら持ち〟

「あちゃら」とは〝あちら〟〝先方〟ということである。これに〝持ち〟がつくと、〝先方持ち〟。といっても、「お勘定」のことではない。事業経営でいえば、自分の営為の外にあって力を与えてくれるもの、ということになるだろうか。

創業者はこの言葉が好きで、よく口にしていたものだが、そもそもは三洋電機の創業者・井植歳男氏から教えられた言葉だという。

井植氏は、先見性と決断力を持つ傑出した事業家であり、また、恰幅のいいお姿の通り、あけっぴろげで面倒見のいい、親分肌の人物だったといわれる。

その井植氏から社長学を学ぼうと、関西の若手経営者が氏を囲む勉強会、いわゆる「井植学校」を作っていて、創業者はその〝教頭〟格であった。

一九六八(昭和四十三)年の秋、創業者は井植氏を山中湖にお連れした。井植氏には大和団地の役員になっていただいていたこともあって、山中湖に別荘地を開発すべく、土地の買収に着手していた折柄、井植氏に現地を見てもらいたいと思ったのだ。

峠のレストランで昼食をすませて外に出ると、雲ひとつない青空のもと、富士山が美しい姿を見せていた。いただきには新雪が神々しく輝き、裾野にはどこまでも緑が広がっている。

キミに、やられたか

買収予定地のあたりを指さし、創業者が、

「いかがですか」

とたずねると、「フーム」と感嘆して眺めわたしていた井植氏は、

「あれは〝あちゃら持ち〟やな。トラックで運ぶわけにはいかん」

と言った。

この絶景は、設備投資をしなくても労せずして得ることのできる付加価値であって、また他人に奪われることもない。そういう意味だと、創業者は理解した。〝借景〟という言葉もあるが、〝あちゃら持ち〟のほうが、ぴったりとくる。

「なんぼですか」

創業者は、井植氏がこのあたりの土地をどう評価するか、知りたかった。

「指一本やな」

「大ですか、小ですか」

「むろん、大きいほうや」

そこで、こんどは山中湖のほうを向いて、「こっちもきれいでっしゃろ」と聞いてみると、「これも〝あちゃら持ち〟やなあ。片手いくな」

との返事である。合わせて坪一万五千円の価値、ということになる。

それまで、坪二千五百円で買収交渉をはじめていた創業者は、その場で坪三千円での交渉を即断。かたわらに従っていた社員に指示して、ただちに現場に連絡させたという。

このエピソードを聞くたびに、私は、事業の決断とはこういうものだ、と舌を巻く思いがする。

〝あちゃら持ち〟には、もうひとつの挿話があって、おなじ年の秋、井植氏を大和ハウスの奈良工場にご案内したときのこと。

井植氏は、工場内をひとわたり歩くと、

「キミに、やられたか」

と唸った。「入口と出口をおさえとるがな。資材は〝あちゃら持ち〟やし、人の管理も

〝あちゃら持ち〟や」

工場では、鋼管の焼入れと切断、熔接、塗装など、プレハブ住宅が完成するまでの途中の各工程を、協力会社に受け持ってもらっていた。当然、労働組合も火災保険も、各協力会社の領分である。こちらは身軽だし、協力会社もラインに参加することによって、達成感を持ってくれている。

創業者としては、合理的に考えた結果だったが、

「オレが四十年前からやりたかったことを、キミがやっとる。えらい勉強させてもろうたな」

とうなずいた井植歳男氏もまた、慧眼《けいがん》というべきであった。

22. 歴史に学べばトクをする

「樋口くん、歴史に学べよ。歴史に学んだら、トクやで」

創業者から、私はそう教えられたことがある。

歴史に学べとは、世上よく言われることだ。ビジネスに携わる者としても、新事業に打

って出る天の時、地の利、人心の掌握、みずからの出処進退《しゅっしょしんたい》など、歴史から教えられることは多い。人格陶冶《とうや》の上からも大事なことだろう。

しかし、「トク」とはなにか？　もっと具体的なことがあるのだろうか。聞き返してみると、創業者は「商売するには、その土地の歴史を勉強することが大切や。とりわけ、土地を扱う企業にとって、〝城は事業の教科書〟やで」と言い、あるエピソードを語り聞かせてくれた。

それは、一九七八（昭和五十三）年、大和ハウスグループ初のリゾートホテルとして、「能登ロイヤルホテル」を完成させるに至るまでの物語だ。

創業者は一九七〇年代のはじめから、将来の国民生活のあり方を研究していた。七〇年代といえば、所得が上がる一方、サラリーマン層の休暇が増えている。家族を大切にするニューファミリーの出現と交通機関の発達とくれば、その先にあるのは滞在型のリゾートライフに違いない。住宅メーカーである大和ハウスが次の時代に展開すべきは、レジャー産業である。

「能登ロイヤルホテル」を核として、ゴルフコース、別荘地、ロッジを伴う大規模なリゾート開発を行ったのは、こうした考えによるものだったという。

では、なぜ能登なのか？

〝縄のび〟を見破る

「〝縄のび〟や」

と創業者は言った。

〝縄のび〟とは、土地の面積が、記帳された数字よりも実際は広いことをいう。その昔、規格よりも長めに目盛を打った縄を使って測量したのが語源のようで、こうすると公称面積が実際より狭くなる。

徳川時代には、外様の各藩が幕府に領地の面積を申告する際、過少に届け出ている例が少くない。少しでも石高を浮かせようとの知恵で、まあ、一種の〝脱税〟である。

たとえば、島津藩は関ヶ原の合戦で西軍について敗れはしたが、徳川方に九州の南端まで追討する余力はなく、藩の存続を認められた。したたかな島津藩が、天下人の代わるような時に〝縄のび〟を図らないわけはない。また、忠臣蔵で知られる赤穂も、無血開城であったため、領民の利益を考慮して、領地の二、三割近くも過少申告していたという。

これとは逆に、徳川の親藩や、城が攻め落とされた国、幕府の重臣らが乗り込んで検分した土地には〝縄のび〟はありえない。高知にはない。キリシタンの島原にもない。幕府の監視がきびしかった佐賀鍋島藩、松山藩、会津藩にもないと見ていい。——というのが創業者の持説であった。

「能登は〝あちゃら持ち〟(借景)の景観がなんといってもすばらしい。で、土地の歴史を調べて見たんや」

と創業者は言った。

——能登はたびたび侵略されている。古くは木曾義仲。その四百年後には畠山氏の七尾城が上杉謙信に包囲されて開城。のちに加賀前田藩のものとなるが、前田氏は能登を掌握するのに、大いに苦労する。三代目の名君・前田利常が妙成寺を建立して能登に寄進することで、ようやく無血合併を果たす。

「こうした場合、土地の所有者は、加賀藩に差し出す台帳に実測どおりに申告するはずがないわな。能登には〝縄のび〟がかなりある、とにらんだのや。買収してから実測してみると、ズバリ的中。安い買い物やった」

世間や業界から「土地を鑑《み》る天才」とまでいわれた創業者だが、「トク」とは別に、一つの土地を開発させていただくにあたっては、土地の歴史に学び、土地の文化と習俗、そして心情に調和する形でなさねばならない、と常々強調していたことも、明記しておかねばならない。

23 人脈は〝肚《はら》〟と〝肚〟から生まれる

ひとりの人間が成しうることには、限りがある。どんなカリスマ経営者といえども、ひとりでは事業はできない。

ひとは、魂の共鳴する人物と出会い、ときには立場を超えて手をたずさえ〝人の輪〟を形造るとき、はじめて大きな仕事が達成できる。とくに事業においては、人脈はきわめて重要だ。

「人脈」というと、えてして「人脈づくり」という言い方で語られるが、そこにはやや功利的な匂いが漂っている。そういう感覚では真の人脈は形成されない、と私は思っている。

まず、全身全霊をあげて相手のことを思いやる。自分のことは後回し。そこからこそ、真の人脈が生まれてくる。——創業者が語った次のエピソードは、そのことを暗に教えてくれていたのだ、と私は考えている。

それは、創業からまだ日も浅い頃のことだったという。大和ハウスは神戸製鋼所から熔接棒を買い入れていた関係で、創業者は神戸製鋼所の山野上重喜専務（のち日本高周波鋼業社長。故人）と懇意《こんい》にして頂いていた。

山野上氏は、業界でも知られた信義と度量の人で、経歴も一風変っていた。小学校卒の学歴ながら独学で高度な学問と技術を身につけ、語学も六ヵ国語を自由に操ることができるといわれていた。

人を紹介する三要諦

ある日、創業者が神戸製鋼の工場を訪ねると、山野上氏は先に立って工場内を案内して回り、社員たちに実技指導をしたあと、

「あんた、日本鋼管の赤坂はんを知っとるか」

と尋ねた。

赤坂武常務（のち日本鋼管社長。故人）の名は創業者も聞き知っている。そう答えると、

「紹介するから、会うてきなはれ」そう言って、氏はその場で赤坂常務に電話をかけ、「関西で仕事してるおもろい男がおるんや。ちょっと会うてやってくれんか」

と即断即決、日時まで決めてしまった。そして、こう言ったというのだ。

「赤坂はんに会うたら〝大和ハウスは神戸製鋼の熔接棒を一本も買わんでよろし。パイプは全量、日本鋼管のを買うてくれ〟と山野上が言った、と伝えてください」

と。

上京した創業者が、日本鋼管の本社で赤坂氏に会うと、こちらは山野上氏とはまったくタイプの違う人物だった。

「せっかくのお話ですから、会議室に部長全員を集めますので、いまのお話を、石橋さんから皆にお聞かせねがえませんか」

と丁重な挨拶である。

部長ら十八人が集合すると、赤坂氏は創業者に、山野上氏の言葉通りの再現をうながしたあと、

「わかりました。お帰りになりましたら、山野上専務にこうおっしゃってください」と口をひらいた。

「〝日本鋼管のパイプは一本も買っていただかなくても、当社がパイプで建てる建物は、すべて大和ハウスさんにおまかせします。どうか必要な熔接棒は全量、神戸製鋼さんのを

お求めください〟と赤坂が言っていた、とお伝えください」

そして、姿勢を改めると、居並んだ部長たちに向かって、

「いま石橋さんがおっしゃったことと、私の言葉とを聞いたと思う。人を紹介するときは、人を見て、かくのごときであってほしい」

と静かに語ったという。

山野上氏と赤坂氏の、信義と友情、そして礼節に立った呼吸は、あたかも『勧進帳』の弁慶と富樫《とがし》を見るようで、

「わしは、本当に深く感じ入った。このことは一生忘れられん」

と創業者は述懐している。

帰阪して、山野上氏にことのてんまつを報告すると、氏は、「あ、そやろな」と当然のように言ったという。

山野上氏がつくってくれたこの出会いが、三ヵ月後に大和ハウスが日本鋼管福山製鉄所の工事を受注することにつながっていくのである。

このエピソードからは、人を紹介するにあたっての①人物を見極める②見返りを求めない③結果の全責任を負う――という三つの心構えが読み取れる。真の人脈は、まさに〝肚《はら》

と肚〟から生みだされるのだ。

24 矛盾があってこそ、会社は発展する

事業が順調に回転し、あらたに資金を投入する必要もなく、ロスもない。金もあまっている。——世間では、企業のそういう状態を、安心で理想的という人も多いが、その裏にこそ問題がある、というのが創業者の持論であった。

「矛盾があってこそ、会社は発展するのや」と。

会社が大きくなって、従来の組織ではまかなえない。あるいは、工場が狭くなってどうにもならない。

「ちょうど、子供の服がやね、右手が短くなったといって右を引っぱれば、左袖がたりなくなる。左の袖を引っぱると、こんどはヘソが出てしまう。そういう問題をくり返していくところに、発展があるのや」

と創業者は常々説いた。服も履物も大きくする必要がないとき、会社の発展はストップしているのだと。

「だから、すすんでこの矛盾をつくり出していかなあかん。それには、売上げを伸ばすことや。売上げが伸びれば、工場も営業所も足らんようになる。カネが必要になる」

カネが足りないほうが、むしろいい、と創業者が挙げるのが、一九六一（昭和三十六）年に開設された九州工場のエピソードだ。

その前年、プレハブ住宅がヒットするとの確信のもと、全国的に工場を展開する必要を感じた創業者は、九州に用地を物色した。

自己資金ゼロで完成

福岡の博多湾に面した土地を実地検分したが、坪三千円もする。とても手が出ない。そこで隣の佐賀県に出向いて、県庁で安い土地の紹介を受け、検討を約束して、いったん大阪へ帰ってきた。

すると二日後、同県鳥栖《とす》市の海口《かいぐち》守三市長が突然、訪ねてきたという。

「市の土地が五千坪ある。これを提供するから、ぜひ工場進出してください」との申し出である。五千坪では足りません、倍の一万坪はほしい、と答えると、ならば周辺の五千坪をあっせんして売らせましょう、と言う。いますぐには土地代金の都合がつかないが、と創業者が言うと、市長は、「では、市が買収しますよ」と畳みかけてくる。

こうまで言われては断われないが、まあ数ヵ月先のことだと思っていると、一週間もしないうちに海口市長がまた現われて、なんと

「一万坪まとまりました。あすにも着工してほしい」

とのことである。

市長の熱意の背景には、県内の炭鉱離職者の再就職が政治課題となっていた事情もあるらしいが、ともかくもありがたい話だ。

「着工は六ヵ月先でどうですか。いまは資金がちょっと」

と創業者が率直に言うと、カネをつくれば、すぐやってくれるか、と市長。「そら、やりますよ」と答えると、

「じゃあ、いまから東京へ行きましょう。ついてきてください」

と、あいかわらずの猛スピードである。

引っぱっていかれた先は、日本開発銀行の総裁室だった。新聞記者出身の海口市長は、太田利三郎総裁とは旧知の間柄だそうで、離職者問題を説き、ぜひとも将来性ある大和ハウスに進出してほしいのだ、と説明。太田総裁も即座に協力を約束してくれたばかりでな

く、地元の佐賀銀行にも協調融資の口ききをしてくれることとなった。

こうして、自己資金ゼロで一万坪の土地を入手し、翌年には工場が完成。多くの炭鉱離職者の労働力を吸収して、月産能力一億円の稼動を開始した。離職者の住宅需要にもこたえていったのである。

「あのとき、カネがたっぷりあったら、こうはならんかったナ。成長のエネルギーを持ちながら、カネがない。その矛盾こそがパワーなんや」

と創業者は述懐している。

25. 顧客の立場に立って考えろ

高度経済成長政策が池田内閣によって推進された結果、都市部に労働力が集中し、一九六一（昭和三十六）年には、早くも住宅難が深刻化していた。

これは、大和ハウスとしても、軽量鉄骨のプレハブ住宅を普及させるチャンスであり、社会のお役にも立てる。その方策を考え続けていた創業者の頭にひらめいたのが、

「宅地を自前で造成して、プレハブ住宅とセットで売ったらどやろ」

という着想だった。

創業者はさっそく、日頃から傾倒する富士製鐵社長の永野重雄氏に、このアイデアをぶつけてみた。

永野氏は大きくうなずき、

「人が座るのに座布団がいるように、家にも座布団がいるな。キミはスケールの大きいことを考えるね」

と励ましてくれたという。創業者は大いに勇気を得たが、しかしデベロッパーとなると、一社単独で立ち上げるのはむずかしい。

やはり何かと相談に乗ってもらっていた、野村證券の瀬川美能留社長にもちかけると、

「おもしろそうだ。乗ろう」と参加を快諾してくれた。永野氏も、

「よし、入ってやろう。小野田セメントにも話してみたらどうだ。安藤さん（豊禄社長）に電話しておくよ」

ということで、四社均等出資の「大和団地」が発足した。その年の六月のことである。

住宅ローンを開発

さて〝座布団〟をどこに敷くか。

大阪南部、近鉄沿線の羽曳野《はびきの》市ときまり、約一〇〇万平方メートル、三千戸分の土地が確保された。名称は「ネオポリス」。ギリシア語でネオは新しい、ポリスは都市国家。二つ合わせた造語だった。

しかし、である。当時の庶民の住宅取得のプロセスは、長い年月をかけて資金を貯め、まず土地を手当てし、またゼロから貯金を続けて何年かのちにようやく家を建てる、というのが普通だった。これでは、いくら土地と家とをセットにしたところで、資金が足かせになって、なかなかさばけない。

どうするか。いつも「顧客の立場に立って考える」ことをモットーとする創業者に、再びひらめきがあった。今では当たり前になった「住宅ローン」の〝はしり〟。画期的な住宅金融の仕組みだった。

住友銀行に提携を持ちかけた「住宅サービスプラン」は、まず頭金百万円を定期預金に積む。翌月から毎月一万七千円を十五回払い込むと、つまり契約時から一年半後には、七十坪の土地付き十八坪のマイホームが手に入る。返済は以後、毎月一万七千円を八十五回支払えばよいというものである。

しかも、お仕着せの建売り分譲と違って、大和ハウスと相談して、間取りに好みのレイアウトを取り入れることができる、というところも人気を呼んだ。

とはいえ、生まれたばかりの「住宅サービスプラン」はまだ十分とはいえず、もしも途中で一家の働き手が倒れたら、家族に大きな借金が残ってしまう……、との顧客の不安を解消する必要があった。

生命保険の組み入れである。一家の大黒柱に万一のことがあっても、残金は生命保険で完済できる。ここが勘所だった。

今では誰も不思議に思わないが、当時としてはあまりにも先進的な発想ゆえ、苦労に苦労を重ねたが、第一生命保険の理解が得られ、ついに〝詰めの一手〟が完成する。徹頭徹尾、「顧客の立場に立って」考えたシステムであった。

創業者はのちに、この団地の住人に仲間入りし、

「自分の手で開発した町の、自分の手でつくったプレハブ住宅に住む。こんな幸せなことはない」

と私にもたびたび楽しそうに語ったものだ。

26. 〝三惚れ〟

創業者の発信したメッセージで、いまも大和ハウスに脈々と伝わる精神として〝三惚れ〟という言葉がある。

「仕事に惚れろ。会社に惚れろ。自分に惚れろ」

人呼んで「大和ハウス工業の〝三惚れ〟」という。

人間、仕事に惚れなければ、成果はあがらない。

大和ハウスに例をとれば、住宅単体ではなく、土地付き住宅団地の大規模開発に乗りだしたとする。

まず取組まなければならないのが用地買収だが、これが容易でない。土地の選定もむずかしいが、地主さんとの交渉がまた難事業である。

いまのように交通網の完備していない時代、用地部の社員たちは、リュックサックに現金をつめこんで、一軒一軒、地主さんの家を訪ねて歩き回らねばならない。平地にしろ山林にしろ、所有者の数が多く、しかも境界線が入りくんでいるのが日本の土地の特徴である。大規模な買収となると、相手の地主さんも、三百人、四百人になる。

交渉にしても、「売ってください」「ああ、いいよ」というような簡単な話はまずない。会ってもらうまでに何日もかかり、やっと面会できたとなると、夕食後から深夜まで、その家の家系や土地のいわれを延々と聞かされる。ようやく本題にと思うと、「いやあ、疲れた。またこの次にナ」

会社への〝ラブレター〟

次の日も、家の由来のくりかえしで、かれこれ一週間もかかることもある。毎晩、木賃宿に泊まるのだが、大金を持っているだけに、オチオチ寝られない。畳の下に札束を敷いて、その上で寝ることもある。

考えてみれば、地主さんのためらいも当然だ。たとえ現実には持てあましている土地であったとしても、先祖から代々受け継いだ土地である。そこには因縁も感情もまとわりついている。

地主さんの気持がすっきりと晴れて、交渉がまとまるまでには、担当者は辛抱が必要である。この辛抱は仕事に惚れていなければ、なしえない。

苦労に苦労を重ねて、ついにブルドーザーが動きはじめる日がくる。すすき野だったところに、みごとな住宅街が出現するのである。

この光景をまのあたりにする喜び。勤労者の住宅難を解消した達成感。これを実現させた会社に惚れ、大きな仕事をなしとげた自分を誇りとする。なにものにも代えがたい喜びである。

創業者は、事業計画を示すとき、「私の、わが社に対するラブレターだ」と言うのが常だった。

創業当初、主力商品としたパイプハウスを、まず国鉄、電力会社、農林省などを顧客として、山間部に展開するのだが、

「いずれは、山を下って都会に出るぞ」との〝ラブレター〟を書きつづけた。惚れた仕事、惚れた会社をかくあらしめたいと思う熱い心で記したから、まさに〝ラブレター〟なのだった。

徹底的に惚れてかかるところから、仕事に対する誇りと自信が、そして生きがいと情熱が生まれてくる。

後年、創業者が若い社員に向かって、「キミの〝三惚れ〟はなにや？」と尋ねたところ、

「カノジョと自分と、おカネやないですか」との返答があって絶句した、と私に笑ったことがあった。

いまの時代はそういう風潮なのかもしれないし、それも大事な要素だろうけれども、人生の真の喜びとは、仕事の達成感ではないだろうか。

「どんな仕事であれ、人から言われたからやなく、自ら目標を立て、道筋を描いた仕事を実らせる瞬間、それ以上の幸福はないで」

と言った創業者の言葉を、私は今も信じている。

27. 土地には惚れるな

「仕事に惚れろ。会社に惚れろ。自分に惚れろ」

と〝三惚れ〟を説き続けた創業者だが、面白いことに、そう言いながらよく、

「そやけど、土地には惚れたらあかんで」

とつけ加えたものである。

大規模な住宅団地の用地を選定するにあたって、性急に土地に惚れてはいけない。〝惚

れてしまえば、アバタもエクボ〟という諺があるが、土地を見る眼が曇ると、痛い目にあう。

創業者は、土地の見立てにかけては世間からも〝神業〟といわれた人だが、私が伝授してもらったそのコツは、買いたい土地があると、現場でまず土を握ってみる。握って締まる土と締まらない土がある。握ってダンゴになるのは粘土層とみてよい。ひと雨降ればたちまちブルドーザーが動かなくなり、工事費が高くつく。こういうのはやめたほうがいい。握った土がパラパラしていれば、砂礫《されき》土だから、ブルドーザーは効率よく稼動する。コストが安い。

水はけの問題も、大切なポイントだ。また、周辺に人家があるかどうかも、コストと関係してくる。人家が多いとハッパがかけにくいからだ。恐いのは、地層が動いているところである。いくら安くても買うべきではない。こういうことが、一目惚れすると見えなくなる。いつも冷静な眼を忘れてはいけないと――。

〝神業〟の目測技術

創業者の土地選定は、きわめて慎重だった。

まず最初に現地の地図を綿密に読んで、頭に叩きこむ。とくに交通網は完璧に記憶する。ついでヘリコプターで空から観測し、地図から得たイメージとのズレを修正する。

次に車で現地をつぶさに走ってみる。住宅団地なら都市部への通勤距離が土地の単価に大きく影響してくる。商業団地ならば、周辺住民の生活調査が大切だ。男女別、年齢別の人口はどうか。生活水準はどの程度かなどを調べて、購買能力や嗜好《しこう》までを推定する。

地図を読むといえば、一九八四（昭和五十九）年、霧島にホテルを建設するとき、会長時代の創業者が、字名《あざな》の『猪子石《いのこいし》』から「大きな石が隠れとるナ」と見破ったのは、有名なエピソードだ。その通り、地中に多数の巨石があって工事が難渋し、事業を進めていた担当者は冷や汗をかいたものだった。

創業者の宅地造成の方法は、じつに明快だった。平地に山がある場合は、手を出さない。山を削った土をどこかへ運んで捨てるのにコストがかかるからだ。山と谷があれば、ならして平地ができ、安くあがる。これは〝峰返し《みねかえし》〟といって、ノリ面の遊びも少くてすみ、安全性も保たれる。

〝峰返し〟の理屈は単純だが、実際には測量の段階で難しい計算が必要になる。高低の複雑に入り組んだ地形の、どこに等高線を引いて土の移動を行うか。

驚いたことに、創業者はその計算を目測だけで正確にやってのけることができた。ＡＢＣ各地点間の距離と勾配《こうばい》を目測で読んで、後日の正式な測定と比べてまったく狂いがなかった。

このあたりが〝神業〟と呼ばれるゆえんなのだが、その秘訣を尋ねてみると、

「アホ。俺はこれを命がけで修得したんやぞ」

という答えが返ってきた。

旧満州で対戦車速射砲隊を指揮した創業者は、高速で迫る敵戦車を撃つべく、距離、角度、高低を瞬時に読む訓練を積んだという。

「はずしたら、こちらがあの世行きや。キミらも命がけで仕事せぃよ」

――土地選定の話は、専門的にすぎるかもしれないが、「土地には惚れるな」との言葉は、得意分野ゆえに陥りやすい油断と慢心を戒めて、どの世界にも通じる普遍性を持った創業者の教えだった。

第四章

〝複眼〟でモノを見ろ

28・「経営者の心を、心とせよ」

創業者が繰り返し説いたことの一つに、

「経営者の心を、心とせよ」

という言葉がある。

役員陣に対しては、とかく自分の担当する事業分野のことしか考えなかったり、自分の任期中の業績ばかり気にかけることを、きびしく戒め、

「企業は永遠に続かなければならない。つねに経営者の心で考えろ」

と要求し続けた。

しかし、そればかりではない。創業者のユニークなところは、〝経営者の心〟を新入社員にいたるまで、全社員に求めたことである。

創業者は、こう説いた。

商売は、戦争である。経営者は、戦場における指揮官だ。指揮下にある兵士は、指揮官がある指令をどのような意図のもとに発したのかを、十分に理解してかからないと、途方

もない間違いを犯しかねないと。

「大砲を撃て」と命じられたのを、いつでもよい、要するに撃てばいいんだな、と考えたとしたら、大変なことになると。

創業者は、みずからが身を置いた旧満州での速射砲隊の体験になぞらえて説く。

たとえば、ある陣地を攻略するのに、指揮官はまず、敵陣に三時間にわたる砲撃を加えたのちに部隊を前進させるとの作戦を立てたとする。ところが、指令を受けた砲撃隊が、「いまは人手が足らん。こっちは忙しいんだ。半日やそこら遅れてもいいだろう」と考えたとしたら、どうなるだろうか。

〝鳥の眼〟で見る習慣を

すでに自軍の歩兵は前進をはじめている。これに先立つ砲撃がないから、味方は敵の無傷の戦車隊と遭遇して、壊滅しかかっているかもしれない。そこへ半日遅れて砲撃を開始したら、砲弾はことごとく自軍の頭上に落下するだろう。溺れかかっている人間の足を引っぱるようなものである。

こういう恐ろしい手違いは、企業においてもしばしば起こる。大きな損失を招き、ときには企業の命取りにもなりかねない。

手違いは、なぜ起こるのか。それは、従業員が〝経営者の心〟を心としないからである。

「経営者の心を、心とする」

とは、まず与えられた指示がどのような企図のもとに発せられているかを、明確に把握すること。そして要点のズレや遅れが企業全体にどんな結果をもたらすかを理解した上で、任務を完璧に遂行することをいう。

担当する仕事が遅れるということは、単に自分の仕事が遅れたというだけにとどまらない。会社の各部門の仕事全体に影響をおよぼし、業務を滞らせる。すべての仕事は、連繋《れんけい》しているのである。〝あした、追いつけばいいや〟は通らない。

現場は人手が足りないときもあろうし、時間がない場合もあるだろう。しかし、いま困難を乗りこえて〝大砲〟を撃たないと、撃つチャンスは二度とめぐってこないし、遅れた〝大砲〟はむしろ厄介である――。

創業者は、「遅れた仕事は、しないほうがましや」と、訓話《くんわ》をしめくくるのが常だった。

このことを私なりに言いかえてみると、ビジネスマンには〝鳥の眼〟を持つことをおすすめしたい。

最近の歴史スペクタクル映画の多くに、CGを使って遥か天空から見おろすシーンが登場する。敵味方の陣形の壮大な俯瞰図《ふかんず》。あれである。

〝鳥の眼〟で見ると、企業全体の戦略の中で、自分がどこに位置し、どのような使命を帯びているのか、何を、いつまでになすべきかが、くっきりと見えてくる。

近視眼を捨てて〝鳥の眼〟を持つことを習慣とし、身につけたとき、すべてのビジネスマンは「経営者の心を、心とする」ことができるものと私は創業者に教えられた。

29. 眠っている間も、金利は働く

「わが社は、一日にどれくらいの金利を支払っていると思うか？」

創業者は、「これを全社員に尋ねてみたい」と言い、実際に幹部役職員といわず若手といわず、誰かれとなくつかまえては問いかけていたものだ。

この質問に答えられる者が、どれだけいるか。それほど「金利」というものは忘れられた存在だ、という思いが創業者にはあった。

読者の皆さんも、一度、自らの胸に問うてみていただきたい。

創業者はいつも答えを持っていて、大和ハウスの場合、私の入社した一九六三（昭和三十八）年時点で、

「驚くなよ。一日、一千四百八十万円也やぞ」

と教えられたものだ。

しかも、これは〝目に見える金利〟だけの話であって、このほかに工事の遅延や回収遅延、デッドストックなどに起因する〝目に見えない金利〟を加えれば、その額は膨大なものになる。

では、金利負担を減らすには、なにが大切か。

「なるべく金を借りない」という回答は、愚の骨頂である。

そういう守りの発想では、企業は成長しない。正しい答えは、「スピードと積極精神や」というのが、創業者の説く真髄であった。

身の回り〝金利だらけ〟

たとえば、二十億円の機械を買い、三十億円の工場を一年かけて建設する場合、会社は五十億円の資金を工場竣工の日まで眠らせることになる。その利息は、年間三パーセント

として、一億五千万円である。

しかし、この工場が半年早く完成すれば、金利は七千五百万円ですむし、半年早く生産を開始できるから、何億円という利益が加算されるだろう。

工事の受注にしても、十億円の工事を完成するのに、A社は一年かかり、B社は四ヵ月でやりとげるとする。A社の年間売上げは十億円だが、B社は次々と三件の受注をクリアして三十億円の売上げを手にし、資本も三回転することになる。利益は三倍出るし、人間も三回転するから、人件費は三分の一ですむ。まさにスピードこそが、企業発展の原動力だ、――と創業者の持説はじつに明快だった。

金利は短期、長期の借入金に、さらには手形、在庫にいたるまで、あらゆるところについてまわり、一年三百六十五日、私たちが休んでいる間も、眠っている間も働きつづけているのである。それに対して、私たちは一日にせいぜい八時間くらいしか働けない。

「身のまわりは〝金利だらけ〟や。われわれ全員の身に、いつも金利がついて回っとるという意識を、徹底してほしい」

と創業者は口を酸っぱくして説いたものである。

「金利意識」をつねに頭に置いていれば、原価管理を徹底させる姿勢につながる。また、なにごとも迅速に処理する積極精神も生まれてくるはずである。

企業も「大組織病」にかかると、稟議にむやみと日数をかけたり、協力会社との間での資材や製品の受け渡し、伝票処理などにムダな時間をかけることになりがちだ。その一つ一つの過程に管理費がかかり、協力会社を含めてみんながソンをすることになる。

「在庫」に対する感覚の鈍化も、「大組織病」の典型である。創業者は、工場で在庫を必要以上に持っているところでは、在庫金利を社内で計算すべしと言い、また、三十日を超える売掛金は、売掛金利を計算すべし、とも説いた。この数字を共有することによって、全社員の頭に「金利意識」が浸透するやろ、と。

その時こそ、創業者のスローガンが、真の意味で生きてくる。

「今日の仕事を、明日に残すな」――と。

30. 時間を値切れ

「たとえば、東京＝大阪間を二時間半で走る新幹線と、九時間半かかる普通列車とがあったとして、だれでも新幹線を選ぶやろ」

というのが創業者の好んだ譬《たと》え話であった。

「スピードは最大のサービス。われわれは、その形のない〝スピード〟というものを、特別料金を払ってでも求めるわけや」と。

たしかに、大和ハウスが急成長をとげた最大の要因は、スピードにあったと言えるだろう。建物のパーツをあらかじめ工場で生産しておいて、工期の短縮を図る。スピードは人の回転を速め、資本の回転を速め、コストを下げる。それが企業発展の原動力となるのだという、創業者の哲学の実践であった。

これを創業者は、「時間を値切れ」と言い、「時間のムダはお金のムダ」と言った。

時間のムダがお金のムダになる好例として、私はあるエピソードを、創業者から聞かされたことがある。

さる大手の製鉄所の、新工場の落成式に参加した際のことだという。

正門から工場まで、広大な敷地を、ほかの参会者は用意されたバスに乗って行ったが、ひとり、創業者は歩いてみた。三十一分かかったという。

工場には、これに付随して風呂場があり、休憩室がある。碁盤に将棋盤、麻雀台も用意されている。その隣りがデラックスな更衣室である。いたれりつくせりだ。

八十億円の居残り料

製鉄所の幹部に工費を尋ねてみると、百八十億円かかったとのこと。創業者は、「立派なもんですな。そやけど、たいへんなムダをされてまんな」と言った。

その理由は？　と幹部氏が問うので、

「タイムカードが、正門脇の事務所に置かれてますやろ」

と創業者は答えたという。

正門と工場とを往復するのに、一時間かかる。この時間は勤務時間なのか。タイムカードを押したからには、当然、勤務時間になる。

これはおかしいのではないだろうか。それに仕事を終えてから風呂を浴びて、碁や将棋を二、三局差せば、すぐ二、三時間たってしまう。タイムカードは入ったままだから、結局、会社は労働時間以外に、その分の居残り時間給を支払わねばならないだろう。

聞けば、この工場の従業員は一万四千人いるという。事務職の千五百人を除いた一万二千五百人、その半数が二〜三時間の居残り料を取るとなると、

「ざっと計算して、年間八十億円になりますがな」

と創業者は、その場で数字をはじいてみせたという。

「タイムカードの置き場所ひとつで、これだけの金額が違ってきます。タイムカードは工場建物の入口に置くべきでしょう」

幹部氏は、

「なるほど、お説はごもっともです。しかし、それだと従業員から文句が出るかもしれませんなあ」

と言うので、創業者はもう一言を加えた。

「いや、休憩や遊びにまで時間給をもらおうとか、従業員の皆さんには、むろんそんな了簡はないと思いますよ。問題は、そういう仕組みを会社側が作っていることです。労賃は製品のコストに組み込まれますやろ。正門まで往復する時間や、風呂を浴びる時間までコストに乗せられたのでは、製品を買う側はたまったもんやない。もしも、タイムカードを移すことで従業員の給料に影響するのやったら、それは別の方法で埋めることを、労使で話し合うのがスジと違いますか」

創業者の毅然とした意見は、やがて製鉄所の社長の耳に入り、後日、改善されることになったという。

このエピソードは「時間を値切れ」という創業者の信念を余すところなく語っていて、私は思い起こすたびに感服するのである。

31. 予備馬を用意せよ

「福島中佐の〝シベリア単独横断〟の大冒険を知っとるか?」

これは創業者が、技術開発の大切さを説く時に、よく枕に振った挿話である。

一八九二(明治二十五)年、陸軍の情報将校だった福島安正中佐は、ロシアがその前年に着工したシベリア鉄道が、極東に物資と兵力を大量・迅速に輸送しうる戦略兵器となるにちがいない、との危機感を抱き、シベリア踏査を建議する。

表向きは、冒険旅行という触れこみで、同年二月、単身でベルリンを出発。予備馬を含めて十頭の馬を引きつれ、モスクワ、バイカル湖、チチハルを経て終着地点、日本海沿岸のウラジオストックへ。

乗っている馬が疲れると予備の馬に次々と乗りかえながら、氷点下五〇度の厳寒のシベリア一万四千キロを踏破。一年四ヵ月後に、生き残った馬三頭とともに無事帰国を果たす。

この踏査によって得られた詳細な情報が、やがてくる日露戦争の軍略に大いに役立つのだが、創業者が強調したいのは、この場合の〝予備馬〟である。

創業者自身も、満州での戦時体験として、長距離を騎馬で走破するには、必ず予備馬を伴っていくという鉄則を守ったという。馬一頭では、その馬が疲労で倒れることが、ただちに自分の死を意味するからだ。

創業者の苦渋の体験

「商売は、馬で行く長旅とまったく同じや」

と創業者は言う。

ライバルの企業は多い。消費者はつねに非情である。会社経営は、敵陣の中を駆け抜けるようなものだ。一頭の馬でのんびり行くわけにはいかない。新商品、新技術という予備の馬を次々と用意しておく必要がある。

「このわしにも、苦い経験がある」

と創業者は言った。大和ハウスも、かつて新製品の開発で遅れをとったことがあると。

一九六二（昭和三十七）年に、「ダイワハウスA型」を開発し、初めて住宅金融公庫融資対象住宅として認定されたのち、プレハブ住宅の新製品開発は意欲的に行われた。改良型の「春日」「若草」「飛鳥」「白鳳」など、戸建て住宅にふさわしい新商品は、いずれもヒットした。

さらに一九七〇（昭和四十五）年には一層の洗練を施した「ニュー春日」「ニュー飛鳥」「大和」を発売、構造的にもデザイン的にも当時としては最高レベルを誇るもので、従来のプレハブ住宅のイメージをがらりと変えるほどの出来映えだった。人気が爆発して、売れに売れた。

業界に先がけてコンピュータを導入、「ニュー春日」の設計を組み込んだ。二十分で設計図が描ける。

会社の売上げ高も二年間で倍増。この年、大阪万博が開催され、日本中が高度成長の熱気の中にあった。

「ところが、好事魔多しや」

翌七一年にはドル防衛のニクソンショック、七三年には石油ショックというダブルパンチに襲われる。日本経済は重苦しい低成長期に入り、人々の生活意識も変っていくのだが、大和ハウスには残念ながら、お家芸のはずのスピードをもって対応する態勢ができていなかった、と創業者は言う。

「『春日』の設計も二年で打ち切るべきやったのに、コンピュータのプログラムの改変を怠って、六年間も続けてしもた。ちょっとした気のゆるみが、二年三年の遅れになる。こわいもんやで」と。

一九七五（昭和五十）年以降、大和ハウスは態勢を立て直し、消費者の多様なニーズに応える個性的な商品を続々投入、業績も再び成長を回復するのだが、創業者の、あえて苦渋の体験を引き合いに出してまで、後進を教え諭そうとする姿勢に、私は身の引きしまる感動を覚えたのだ。

32. 秘術〝手帳作戦〟

「夜寝るとき、キミらは、どこに枕をあてる？」

大和ハウスには、全国事業所長会議というものがあって、支店長らが集められ、創業者の訓話を聴くのだが、ある時、一同に向かって、そう尋ねられたことがあった。私が福岡支店長だった時代のことである。

枕は頭にあてるにきまっている。しかし、当たり前の返事もできず黙っていると、

「足や。足の下やろうが。一日、現場をまわり、取引先をまわって、棒になった足に枕するのやがな」

そして、創業者は、やおら前列の男を手招きし、「キミ、靴、見せてみィ」と、靴の甲や踵を点検するのだった。

靴がうっすらと埃をかぶっていたり、くたびれて底がすりへっていれば合格である。たまたま靴を買い換えたばかりだったために、

「わが社は靴に給料払っとるわけやないッ。一日歩き倒さんかい。立っとれ！」

と、本当に会議中立たされていた支店長もいた。ご本人には気の毒だが、それが石橋流の「現場主義」の教育だった。

「キミらは、ある会社や官庁に商品を売り込もうというときに、〝まず紹介状を〟と考えてしまうことがないやろうか」

あの会社は、××さんの知り合いの人が資材部長をしているはずだ。××さんは自分と同郷だから、ひとつ頼んで紹介状をもらって……と考える。そして、紹介状をもらうのに、三日も四日もかけている。

これは、消極的な営業である。紹介状が効果的な場合もむろんあるが、多くの場合は、直接行って、裸でぶち当たるほうが、道は開ける。

紹介状を持たなければ、訪問先の門をくぐれないというなら、すでに営業として失格である。靴底がすりへるほど通いつめて、誠意と熱意を示すことが、相手の心を動かし、人間的絆ができて受注につながる。

「商品を売る前に、自分を売り込むのや。商売は、足と根性やぞ」

と創業者は説いた。

創業者の訓話は、具体的なエピソードにも富んでいた。その一つが、〝手帳作戦〟であった。

難攻不落の売込み先に、一日三回、一ヵ月連続で訪問する。それでも落ちない。そういう時に、創業者の手帳が登場する。

創業者は、日頃から訪れた取引先の氏名をすべて、手帳に書き並べていた。社長はもちろん、役員、部長、課長、係長まで克明に記してある。そして肝腎なことは、氏名のうしろに必ず敬称がつけられていること。

創業者は、たとえ成約できなくても、取引き相手には常に敬意を払っており、そのことの自然な表われでもあった。

そうした手帳のスペアを創業者は十冊ばかり作ったというのだ。そのうちの一冊を、最後の手段として売込み先へわざと置いてくる。

すると先方から、「石橋さん、手帳を忘れたでしょう」と電話がかかってくるから、「あぁよかった。困っていたところでした」と重ね重ね礼を述べ、手土産を持って飛んでいく。

手帳を拾うと、誰のかな？　と、ぱらぱらめくってみるものである。そこには自社の社長以下、関係部局の氏名の中に、自分の名も敬称つきで同列に記されている。

これは私の想像だが、人は他人からきちんと評価され、位置づけられていると知れば、心を開くものではないだろうか。

「いっぺん打ちとければ、商談はまとまるもんや」

と、創業者は訓話をしめくくった。

営業の〝技術論〟はケースバイケースであるとしても、なんとしても懐に入るという、その創業者の「執念」にこそ、私たちは学ぶべきだと今つくづく思う。

33. 商売は〝深草少将《ふかくさのしょうしょう》〟だ

創業者の語録のひとつに、

「商売は〝深草少将〟だ」

という言葉がある。営業の誠意と根気とを説いたものだ。

〝深草少将の百夜通《ももよがよ》い〟といわれる情話があるそうで、平安時代の歌人・小野小町の美しさに魂を奪われた深草少将義宣《よしのぶ》は、ひたすらに小町の愛を求めるのだが、固く拒絶されてしまう。

「あなたの心が解けるまで、幾夜でも参りましょうぞ」

と迫る少将に、小町は、「百夜通ってみせたら、契《ちぎ》りましょう」と答える。

少将は、京都・伏見の住いから、山科にある小町の邸まで、雨の夜も雪の夜も通い続け、榧《かや》の実を一つずつ、来訪のしるしに邸の門前に置いて帰った。

この物語は、じつは悲劇で終わるのであって、少将は九十九日目の夜、はげしい雪の降りしきる道中で病いを発し、最後の一夜を前に世を去ったといわれている。

「途中で死んでは困るけどな」と創業者は笑いながらも、「商売も、こないに通いつめて、相手が心を開くまで貫徹せなあかんで」と私たちを諭した。

創業者の訓話には、いつも具体的なエピソードがちりばめられていたが、ある証券マンの事例はとくにお気に入りだったようだ。

創業者が、ある証券会社の重役から聞いた話で、重役の奥さんが、こともあろうにヨソの証券マンから、投資信託を買わされてしまったと、苦笑していたというのだ。

その証券マンが自宅に訪ねてきた時、奥さんは、「あのね、うちの主人は××証券に勤めていますのよ」と言って断わったという。

それまでに来た証券マンは皆、その一言で、「たいへん失礼しました」と退散して二度と顔を出さないのに、その男は翌日また、平気でやってきて、「でも奥さん、少しぐらいヘソクリがあるでしょう。増やしましょうよ」と勧めてくる。

くる日もくる日も〝お百度〟を踏まれているうちに、奥さんはとうとう、夫に内緒で投信を買わされてしまったという。

「それがもう、五割も増えてるねんて。ええ話やないか。営業の鑑《かがみ》やで」

と、創業者は感心しきりであった。なるほど、ライバル企業の〝本丸〟に斬り込んでいく闘志は、見上げたものである。

資産三十億、任せます

それほど見事ではないが、〝深草少将〟といわれると、私にも忘れがたい経験がある。一九八〇（昭和五十五）年、福岡支店長時代の、O先生との出会いである。

先生は土木工学の権威で、橋梁の設計にかけては名高い人物だったが、リタイア後は先祖の残した山を開発し、六百区画もの宅地を持っていた。

それを我が社に売らせてください、と頼みに行ったのだが、地元では〝変人〟などとも呼ばれる人で、他人を家に上げたことがない。住宅会社が数社訪れているが、皆、門前払いである。

それでも私は通いに通いつめた。ようやく玄関先で話ができるようになり、さらに通い続けるうち、ある日、

「支店長さん、今日はどうぞお上がりください。これまで何万人もの人に会ってきたが、あなたのような人は初めてだ」と、思いがけない言葉をいただいた。

仕事ももらえて、昵懇《じっこん》になった一年後のある日、O先生は姿勢をあらためると、

「あなた、独立して会社を起こされたらどうですか。私の資産三十億、すべてあなたに任せますよ」

と、驚くべき提案を持ちだされたのである。

私は学生時代から、〝いつか必ず事業家になってやる〟、という気持ちを抱き続けてきたのは事実だが、「石橋信夫」という魅力の尽きない巨人を知ったいま、ずっとつき従っていきたい思いも強かった。

熟慮の結果、お勧めはありがたくも固辞したのだが、どうしてO先生が、私をそこまで認めてくださったのか。ご本人ならぬ身にはわからない。

ただ愚直に、誠意だけを胸に通った結果だろうか、と思うほかないのである。

34. 〝水練〟で部下を鍛える

「水練」という言葉は、もう死語なのだろうか——。水泳の練習のことである。

こどもに泳ぎを覚えさせる手段として、昔から、

「ここまで、おいで」

というのがある。

海でもいい。川でもいい。おとなが五メートル先、水深胸のあたりに立って、こどもに「さァ、ここまで泳いでこい」とうながすのだ。

こどもは、目をつむり、息を止め、犬かきで、しゃにむにおとなの腕をとらえようと前に進む。

ところがである。おとなは気づかれぬように、じりじりとうしろに下がる。もう着いたか、と目を開けたこどもは、まだ到達地点ではないことを知って、また必死に水を掻く。

こうして、いつのまにか泳げる距離が伸びていくのだが、創業者の部下の使い方にも、これとそっくりの形があった。

まず、大野直竹副社長が創業者を偲んだ一文をご紹介したい。彼が新潟支店長だった一九八八（昭和六十三）年頃のことである。

「僕が行った頃、新潟支店は年間五十億ぐらいの売上げだった。それを『百億にせい。すると お前のところで働いている業者さんは、大和ハウスだけで食べていける』とおっしゃる」

「頑張って二年ぐらいで九十億ぐらいまできました。そのときまた創業者が来られて『新潟は二百億やらんと話にならんで』。創業者は数字を見て百億はいけるな、と思う。するともう次の段階なんです。だけど創業者と話していると、絶対、二百億やってやろう、という気になった」

これぞ〝水練〟である。

そういえば、奈良県川上村に生まれた創業者は、吉野川の急流で育ち、泳ぎはお手のものなのだった。

一千三百億円を返せ

私にも、大野君と似た経験がある。大和団地の社長だった私に、創業者の命が下る。

「大和ハウスと大和団地を合併させる。帰ってこい。社長をやってくれ」と。二〇〇〇（平成十二）年夏のことである。その時、

「樋口君、四年で借金をぜんぶ返してくれよ」

と創業者は言った。二社の合併で、あわせて有利子負債が一千三百四十億円。起業当時、借入金で苦労をした人の言葉と思い、

「わかりました。四年で返せるように努力します」

と約束した。ところが合併から四ヵ月たった八月になると、「あれ、三年で返してくれ」となり、さらに四ヵ月後の十二月には、なんと「二年でな」とのご託宣に。

驚いたが、これは創業者の慧眼によるものだった。

そもそも、この一千億円余の負債は、一九九〇（平成二）年の、土地融資の「総量規制」という性急な政策による地価下落に発するものだったが、日本経済の落ち込みは更に進み、土地の下落も続く。一日も早く処分して、返済にまわせ、との大局観があったからに相違ない。

私は全力をあげて〝膿《うみ》出し〟にかかった。各支店の抱える古い〝底だまり〟の土地を赤字で回収し、評価損、特損で落としながら、借入金は創業者の指示通り二年で完済した。

しかし、その結果、年に数百億の利益があがっていても、当期利益はわずかになる。配当金も落とすとなれば、社内の引き締めが必要だ。役員報酬はカット、賞与ゼロ。管理職は一割減俸。社員のボーナスも一・七ヵ月に抑制した。

じつに強烈な〝水練〟であった。

私はゴボゴボと水を呑みながら泳ぎ切った。

そしてここに、大和ハウスのＶ字回復のスタートが切られるのである。

創業者の〝水練〟は闇雲に難題を吹っかけているのではない。状況の大局観に立って指示を下している。そのことが解ってくるのは、凡夫としては、のちのちのことになるのだが――。

35. 人の道をはずすな

企業経営について〝商売に王道なし。ただ心あるのみ〟という言葉を聞くが、創業者は、

「商売にあっては、人の道を絶対にはずすな」

という言い方で、私たちを諭した。

とにかく、人とのつながりを大切にする。それも、企業名よりもまず、そこで働く「個人」とのつながり。地位の高低には関わりなく、人と人との信義と礼節を守り通す。

創業者の頭の中に、人との出会いと歴史がこと細かく記憶されているのには、驚嘆するばかりだった。

一例をあげると、「布《ふ》川隆美《かわたかよし》さん」のお名前は、私たちの耳にこびりついている。この

方はニホンフラッシュの社長で、長年、大和ハウスに集成材の建具を納入して下さっていた関係だった。

布川さんは、創業者のもとへ年に二回、表敬にみえるならわしで、その時も仕事を離れた話題で歓談がはずみ、ひとしきりのち、「では」と帰りかける布川さんに、創業者が、

「あ、ところで布川さん、ウチはいまどのくらい取引させてもろてるんですか」

と尋ねると、

「いえ、じつは三年ほど前から、おつきあいはないのです」との答えである。

サッと創業者の顔色が変わった。即刻、資材担当の責任者を呼びつけると、鬼の形相で叱りつけた。

〝負の遺産〟を解決

「俺の顔に泥を塗ったな！　長年お世話になった布川さんを切り捨てるとは、なんちゅう了簡や！」

と、ただちに取引を元に戻させたのだった。創業者が、これほどの剣幕で怒ったのは、あとにも先にも見たことがない。

人の道を貫く――。それは、創業者がもっとも大切にしたことであった。

これとは、立場が逆の出来事もあった。

『追悼・石橋信夫』の巻中に東芝会長時代の西室泰三氏が、「負の遺産の教え」と題して書いておられることだが、一九九六（平成八）年当時、飯田橋に建設する大和ハウスとJR貨物の共同ビルの電機品について、JR貨物側は東芝製品採用の意向があるのだが、大和ハウス側はまったく同意する気配がない。〈調べてみると大変なことが判明した〉と、西室氏は綴っておられるが、少し引用させていただく。

〈話は昭和三十年代に遡る。当時大和ハウスの販売代理店をしていた東芝商事が、まったく無断で大和ハウスの優秀な人材を引き抜いて東芝住宅産業を設立し、プレハブ住宅の製造販売を開始したのである。その後東芝住宅産業は経営に失敗し、大和ハウスから引き抜いた人材についても、再就職の世話をすることもなく、会社を解散してしまった。この一連の行為について、創業者は東芝という企業に対し、憤慨を超えた嫌悪感を持たれ、今後一切東芝という企業とつき合うことはなく、製品を使うこともないと決意されたというのである。この話を聞いて私は、暗澹たる思いに沈んだ〉

西室氏は、当時の出来事になんの関係もない方だが、〈東芝の現役の経営責任者として正式に謝罪を〉と決意される。仲介者のつてを得て、西室氏と創業者の面談が実現。現在のような両社の友好的な取引関係が開かれたのである。

ここで私が感銘を受けるのは、西室氏の果断な行動ばかりでなく、過去のいきさつを、あえて公表された勇気に対してである。〈大きな負の遺産〉が社内に記録も反省も残されていないことを遺憾とし、グループ内に訴えて、取引先との類似の例がないかどうか、発掘・解決を促されたのだ。

創業者と西室氏の会談は、さしずめ勝海舟と西郷隆盛のような、誠意と礼節に則した、見事なものだったろうと私は想像している。一流の経営者は、かくも人の道を貫くものなのである。

36・〝複眼〟でモノを見ろ

自分のことを言うのはおこがましいが、私は創業者から、生涯に一度だけ褒められたらしい、と思っている。

社の顧問弁護士を務めてくださっていた中坊公平氏が、ある時、

「創業者が『〝複眼〟でモノを見とるのは、樋口くんだけや』と言うとられたよ」

と耳打ちしてくれたのである。

私は心の底でうれしく思った。

理由は二つある。

創業者は日頃から「会社経営は〝複眼〟でモノを見ないといかん。キミらもそう心掛けろ」と説いていたこと。もう一つは、創業者が滅多に社員を褒めない。面と向かっては金輪際、褒めないことである。

中坊さんの口から伝わることを予期して言ったとすると、私はどうやら合格点を貰えたのかもしれない、と思ったのだ。

しかしこの〝複眼〟でモノを見るというのが、じつにむずかしいのである。

そもそも〝単眼〟とは何か。

自分の担当分野のことしか考えない。目標に向かって走り出すと猪突猛進、まわりが見えなくなる……。

それでは困る。

そんな〝単眼〟を克服した次に、創業者が求めていた〝複眼〟には、いくつかの要素があった。その一つが、〝損勘定を先にする〟という課題である。

儲かる話にゾッとする

「〝こうすれば、これだけ儲かりまっせ〟という話がよく持ち込まれるけどな、わしはそう聞くたびにゾッとするのや」

と、創業者はしばしば語っていた。

「〝儲かる〟話は、たいていようできとって、一見、ボロ儲けできるように見える。でつい、儲ける計算ばっかりして、費用や損失の計算を忘れよる。これは必ず失敗するわな」

欲に目がくらむことなく、表勘定をするより先に、裏勘定＝損勘定を見極めろ、との教えである。

では、ひたすら慎重ならいいのかというと、そう簡単ではない。〝複眼〟には積極精神も必要である。

「五五パーセントの成功確率があると思うたら、実行せい。棚の上にぼた餅があるとして、落ちてくるのを待っとったらあかん。手を伸ばす。踏み台にのぼる。それでも取れなんだら、踏み台の上に二人で肩車してでも取ってみせろ」

引っ込み思案は、創業者の最も嫌うところだった。

「失敗したらしたで、得るものがある。それを次に生かしたらええのや」と。

冷静な損勘定と、一方で積極精神。

そして〝複眼〟たるもう一つの条件が〝先見性〟である。

私の場合、ある意味で鮮明な記憶となっているのは、一九八九（平成元）年に、「シルバーエイジ研究所」を立ち上げたことである。当時、老人保健施設が厚生省の見通しでは二十八万床必要だというのに、その時点ではその十分の一しかなかった。ソフトを構築すれば、当社独自の事業になる——、そう考えて役員会で説明を始めるとすぐ、「樋口くん、それ、やったらええ」と創業者の即決が下った。

ところが、創業者もさるもの、

「それで、来年の受注はどのくらい見込めるのや」

ときた。

「三年間、数字のことは聞かないで下さい」

と私は言った。

「これは従来の技術で建物を作ればええというものではないです。まず、老人保健施設のソフト作りから始めませんと」

しばし私の顔を見ていた創業者は、「わかった」と言ってくれたが、それから二年後、会議の席に突然あらわれ、「樋口くん、あと一年やな」とひとこと。約束を忘れていないのである。

将来的事業だからといって、甘えは許されない。数字は問うぞ、と。これが創業者の凄さであり、〝複眼〟の真髄だと私は思うのである。

37. 苦情のあるところ受注あり

住宅の販売を事業の柱の一つとする大和ハウスのような企業にとって、消費者に現物を見ていただくことは、きわめて重要である。

一九五九（昭和三十四）年に〝三時間で建つ〟ミゼットハウスを売り出した時には、全国二十七ヵ所のデパートに実物を展示したし、のちにはプレハブ住宅の各モデルも、住宅展示場で来場者にそのデザイン、強度、利便性を体験していただくことに力を注いできたのだった。

そんなある日のこと。

たまたま展示場を視察に訪れた創業者のカミナリが落ちた。販売スタッフの、「もォ。どうせ冷やかしやのに」

というつぶやきを聞き咎めたのである。

その時、展示場には一人の〝長っちり〟のお客さんがいた。戸棚の扉をガチャガチャやり、壁をこぶしで叩いてみたり床を踏み鳴らしたり。販売員としては気が気でなく、つい愚痴をこぼしたのだったが――。

創業者は言った。

「なんちゅう、もったいないことを。ああいうお客さんには、すぐにも駆け寄って、教えを乞わなあかん。

ええか、キミ。大和ハウスの住宅はデザインも立派やし、便利でほんまにええわな、と褒めてくれるお客さんが、すぐ買うてくれたためしがあるか？」

「苦情こそ宝の山や」

「お客さんが、いちいち床や扉を試したり、苦情を言うたりするのは、良かったら買おうかという気持があるからこそや。脈がある。

商品を、もう自分のものとして見ているから、あそこの具合が悪い、ここが安っぽい、と言いたくなるわな。そういうお客さんは、ボロクソに言いながら買うてくださるのや」

創業者は、ひと呼吸おくと、こう続けたという。

「それだけやない。ああいうお客さんは〝教科書〟やで。本気で手に入れる気持のある人は、徹底的に試してきはる。たとえば新しいプラスチックのコップが売り出されたとして、落として割れへんとなったら、次にはタバコの火を押しつけてみたりするもんや。住宅やったら、壁を叩く、蹴る、床の上で飛びはねる。さんざん苦情をいただきながら、そこに学んで改良してゆくから、新しい商品が生み出せる。企業の活性化が始まるのや」

〝苦情のあるところ受注あり〟。

創業者はこの精神を外回りの営業活動にも強く求めていた。

「人間、苦情を言われた取引先には行きたくないもんや。気分よく迎えられるところへ行きたい。しかし、苦情こそ宝の山や。とことん掘り起こさなあかん」と。

そしてこれは、取引が成立したのちにも、なおかつ言えることだと私は思っている。

私が大阪本社の資材部にいた時代のこと。販売した住宅についてお客さんからクレームがついた。そのお客はパチンコ店の用心棒をしているという人で、営業部員が逃げ腰でいたらしいのだが、偶然通りかかった私が電話を取ったところ、火がついたような憤激ぶりである。

「すぐ来い」との求めで駆けつけると、受け渡したばかりの住宅の壁のパネルに足形が残り、勝手口の脇にはビールの空缶があってタバコを吸った跡もある。

一も二も無く、こちらが悪い。私は内部の綱紀の締め直しを約束するとともに、住宅の善処にとことん全力をあげた。

ああ、このことだな、と私は創業者の言葉を思い浮かべた。苦情に対して逃げずに誠心誠意向いあう。そこに道が開けるのだと。

第五章　「競生」から「共生」へ

38.「反骨」のルーツ

大和ハウスが、一九五五（昭和三十）年に資本金三百万円でスタートしてから、今日の売上げ一兆七千億円の企業に成長するまでの道のりは、けっして平坦だったわけではない。山あり谷あり、である。

当初は、官庁や大企業へパイプハウスの営業に出向いては、門前払いをくらうこと数知れず。

一九六〇年代の大不況の折には、不良債権を抱えて銀行からも見放されたとの〝黒い噂〟に襲われ、株価が半値に下がるという存亡の危機にも見舞われている。

創業者はそのつど、不屈の闘志で難局に立ち向かってきた。

創業者は、著書『私の履歴書』の表題を『不撓不屈の日々』としており、まさに自身を言い当てているのだが、この〝不撓不屈《ふとうふくつ》〟の精神はどこからきたのだろうか、と私はつくづく考えてみたことがある。

世間では、第二次世界大戦の終戦時、創業者がソ連軍によって三年間、シベリアに抑留されたときの極限の辛苦が形造ったもの、とみなされている。

たしかに、当時の思い出話を聞いても、五味川純平の名作『人間の條件』の主人公「梶上等兵」さながら、重労働と拷問に耐えぬいて、絶対に屈服せず、生還をあきらめない闘志には、圧倒されるばかりである。

不撓不屈の〝吉野魂〟

しかし、理由がそれだけとは、私には思えない。「反骨の人・石橋信夫」を造りあげた、もっと根源的なものがあるのではないか。

その思いは、のちに創業者の生まれ故郷を訪ねたときに、得心がいった。

「私は吉野の山ザルだ。山に生まれ、山に育った」。創業者は『私の履歴書』の冒頭をこう書き起こしている。

奈良県吉野郡川上村。

「ぐるりはすべて千メートルを超える山であり、うっそうたる吉野杉が天を突く」

山は急斜面で、鋭く切れ込んだ谷の底に、いまはダム建設によって水没した創業者の生家があった。

この川上村こそ、知る人ぞ知る、南朝百二十一年の歴史の終焉の地なのだ。

足利尊氏によって放逐された後醍醐天皇にはじまる吉野朝、つまり南朝には、北条氏、足利氏に追われた戦乱の落人・隠者らが集結し、川上村はその〝かくれ里〟となっていたという。

ところが、一四五七年、北朝の赤松満祐《みつすけ》の遺臣が川上村に潜入し、若き自天王《じてんのう》を暗殺。ここに南朝の正統は絶えてしまう。爾来《じらい》、川上村では南朝再興と追慕の思いを、ずっと抱き続けているといわれる。

私が心底驚いたのは、「朝拝式」という儀式が五百五十年間、川上村で今でも続けられているという事実だった。

毎年二月五日に、自天王の祀られる金剛寺に、子供も含め村人あげて集まり、鎮魂の行事を行う。村の長老が「ことしこそ北朝に対して決起すべきや」と問うと、別の長老が「いまだその時期にあらず。隠忍すべし」と応じて儀式を閉じるのだという。

この儀式には「村人の晴れることのない心の澱《おり》のようなものを思う」と創業者は綴っている。吉野には平家が、また源義経が落ちのびていった。いわば敗者で彩られた土地である。

「闘いには百戦百勝、ぜったいに勝たないかん。経営でも人生でもそうや」

と創業者は常々語っていたが、私はこの土地に立ってみたとき、ありありと実感できた。権力なにするものぞと、踏みつけられても屈しない反骨精神は、この土地が植えつけたのだと。

かつてない経済危機のさなか、不撓不屈の創業者がここにおられたら、どう考え、どう行動するだろうか。

私はいつも、その思いを念頭から離したことはない。

39. どの指を切っても、血が出る

「どの指を切っても、血が出るもんや。樋口くん、三万人の社員と家族を守ってくれよ」

創業者から、私はこの言葉を幾度となく聞かされてきた。グループ企業も含め、大和ハウスに拠って生きる人たちが三万人余。その生活を守れとの厳命である。

不撓不屈。難局に出会えば、ナニクソとなお一層の闘志を燃やすなど、〝闘う男〟のイメージが強い創業者だが、その反面、きわめて深い〝情愛の人〟でもあった。

一九五五（昭和三十）年の創業の年、業績は伸びていたものの、なにかと出費が重なり、

年の瀬が近づいても社員に支払う餅代がない。金策も実らず、ついに創業者は自分の給料袋を社員たちに差し出したという。

「すまんが、今回はこれを皆で分けてくれ。三年後にはきっと賞与を二倍にして払う」

このときの約束は三年後、大和ハウスの増資の際に果たされることになる。社員全員が十万円の株券を支給され、この株が翌年の公開で高騰するのだ。なかには、これを頭金にマイホームを建てた社員もいたという。

創業者は、リストラもけっして行わなかった。

一九六四（昭和三十九）年の大不況のさなか、根拠のない〝黒い噂〟によって大和ハウスの株が売り叩かれた危機に際しても、出張先の台北から帰国した創業者がまっ先に命じたのは「賞与をすぐに支給せい。株式の防戦買いはやめろ」のひとことであった。

まず社員と家族を守る

前年に入社した私は、この毅然たる姿勢に震えるような感動を味わった。会社を見限って去る者はいたが、創業者はリストラは一切しなかったのである。

社員を家族のように思う家父長的な心。それは「どの指を」の言葉とともに、創業者の父親から伝授されたもののようだ。

奈良県吉野郡川上村。創業者の故郷である。

「川上村の空、それはひたすら小さかった。杉木立の先にささやかに広がる空、そこには日の出も日の入りもない」

創業者は『私の履歴書』にこう記している。

杉木立にさえぎられることのない広い空にあこがれたせいか、十四歳で霞ヶ浦の飛行予科練習生に、両親には内証で志願した。

しかし、いつまでたっても通知がこない。学校の先生に聞いてみると、ほかの生徒には来ている、という。

じつは合格の通知を父親がみつけて、破り捨てていたのだった。

「九人も子供がおるんやから（創業者は七番目の五男）、オレひとりくらい飛行機乗りになってもええやないか」

と訴えると、思いきり引っぱたかれた。父親は両手を広げ、「どの指を切っても、赤い血が出る。痛いのは同じ。これが親の気持や」と言うのだった。

この言葉は、信夫少年の胸にしみたという。事業を起こしてのちも、社員とその家族をぜったいに犠牲にしないという信条は、ここに発しているのではないかと、私は想像している。

この信条に立って、創業者が下した最大の決断があった。一九九九（平成十一）年の経営刷新である。

この年の三月期の決算で、三年前の好調時から比べると、売上げが三千億円も減少。先行きの受注も大幅な落ち込みを見せていた。創業者は、肉親を筆頭とする経営陣の刷新を決意、後事を技術畑の新社長に委ねて、みずからも取締役を辞任したのだった。

グループ三万人の社員と家族を守るために、あえて肉親の情を封印するという苦渋の決断であった。

そんなことのできる経営者が、この地球上に何人いるだろうか。当時、大和団地の社長だった私は、創業者を能登の静養先に訪ねては対話を交わしていた。

いわば、からだ全体を生かすために指を切ってなお、失意の肉親を気遣い、

「心配で心配で寝られない」と言い続けた創業者の、あの悲痛な声音が、今も私の耳に残っている。

40・人間は、大病して太うなる

私には大病の経験がある。一九八〇（昭和五十五）年、四十二歳。福岡支店長だったときのことだ。

はじめは胆嚢炎をこじらせて一ヵ月の入院。続いて強烈な腰痛を患い、再び入院を余儀なくされた。

座っていられない。仰向けに寝られない。痛みに転げまわる。病院では私を押さえつけて痛み止めを打つのだが、注射を二本打っても効かない。自分ではシモの始末もできないのである。

原因は不明、熱も下がらないままで、私は現状を打破しようと、医者を七人、病院を二回とり替えた。

一ヵ月後、ようやく退院して自分の足で地面に立ち、青空を見上げたときには、とめどない笑いがこみあげてきたものだ。

復帰して、創業者のもとへ挨拶に行き、「ご迷惑をおかけしました」と頭を下げた。二

ヵ月間も職場を離れたのである。さぞかし苦言をいただくものと覚悟していると、創業者は、「まァ、座れや」と言い、

「樋口くん、ええ経験したやないか。人間は、大病して太うなる」

と言った。

思いがけない言葉であった。そして、戦争中に瀕死の重傷を負った、自身の凄絶な闘病生活のことを語り聞かせてくれたのである。

一トンの砲が直撃

――昭和十九（一九四四）年二月。満州（現在の中国東北地方）孫呉《そんご》に駐屯していた歩兵第五七連隊で、速射砲隊の小隊長を務めていた石橋信夫少尉は、厳寒の雪原で演習の指揮をとっていたという。

馬ソリに載せた砲の位置を決めようと、ソリの前に出て地形の検分をしていたそのとき、何に驚いたのか馬がやにわに暴走し、一トンもの重量がある砲を載せたソリが石橋少尉の背中をまともに直撃してしまった。

長い人事不省の状態のあと、ようやく意識が戻ったものの、脊髄がはげしく損傷し、下

半身が完全にマヒしてしまっている。尾骨から頭部までをギプスに固められ、丸太のようになった日々が一年半も続く。

二十二歳の若者である。〝なぜ、こんなみじめな姿で生きなければならないのか〟と気持がすさみ、自決を考えたこともあったというが、ここで持前の猛烈な闘争心が湧き出してきて踏みとどまる。

そんな時、恩人との出会いがあった。新しい軍医が転勤してきたのだった。

新任の水上哲次軍医大尉は、一升酒を干してから手術にのぞむような、豪放さと繊細さを兼ね備えた人物だった。とにかく研究熱心で、石橋少尉の症状を見るとドイツの医学文献を調べて、「脊髄に食塩水とビタミンBを注射してみるか」と言いだした。

注射をすると発熱し、はげしい嘔吐症状も出た。それは非常につらいものだったが、しかし、朝になるとうっすらと、

「下半身がそこに在る」

感じがしたという。まったく下半身に感覚がなかったことからすると、思いがけない事態だった。

勢いづいて続けているうち、ある日、足の親指がピクリ、と動いた。奇跡であった。

「どんなもんですか。その時の気持は？」

と私が尋ねると、創業者は言った。

「そんなん、言葉にできるもんやない」

このあとも、戦地での難儀は続くのだが、ともかくもこうして創業者は九死に一生を得たのだった。

「人生も、会社の経営も、おなじやで。逆境にあって弱気にならんよう、気ぃつけることや。ナニクソ、と倍の闘志を燃やす。そこから道は開けてくる。人間も太うなるよ」

それから毎年、創業者は「その後、どや？」と声をかけてくださり、四年後の正月の賀詞交歓会の席上、うしろからポンと肩を叩かれた。

「樋口くん、やっと元気になったナ。もう大丈夫や」

満面の笑みであった。その年、私は役員に推挙された。四十六歳だった。

41. 戦場を掃除する

満州の戦地で脊髄に損傷を負った石橋少尉は一年半もの闘病生活ののち奇蹟的に回復し、

昭和二十（一九四五）年八月八日退院。傷病者として内地への帰還も可能であったろうに、あえて孫呉の原隊に復帰した。すでに八月九日になっていた。

第一大隊の副官に任ぜられたその八月九日、日ソ中立条約を一方的に破ったソ連軍が、満州に侵攻してきた。

たちまち制空権は敵のものとなり、砲声が刻々と迫ってくる。石橋少尉らは弾薬を背負って敵戦車に肉薄する「肉薄攻撃隊」を組織。いよいよ玉砕かという八月十六日、師団本部に「即時、戦闘行動を停止すべし」との命令が届いた。暗号ではなく、生文《なまぶん》電報だったという。終戦であった。

ソ連軍の監視のもと、武装解除し、陣地を去るというとき、石橋少尉は思いもかけない行動に出た。

「戦場を掃除してから、引き上げたい」

と申し出たのである。

「パチェムー（なぜだ）？　なぜそのようなことをするのか。前例がない」

ソ連軍の師団司令部の面々は一様にけげんな顔をしたが、石橋少尉は、

「前例もヘチマもあるか。立つ鳥、跡を濁さず。これが日本人の魂だ」

と強く迫って承知させたという。

石橋少尉は六百人の兵を連れて、香取山と二宝山の戦場に向かった。そちこちに無惨に転がる戦死者の遺体を丁寧に埋葬し、弾薬や被服を整理し、遺品を遺族に届けられるように、きちんと収集した。

「凡事徹底」

このときの心情を、創業者はこう語っている。

「この地で、わしらは命を賭けて戦った。生き残った者も一度は死に場所とさだめた戦場や。荒れた野も山も、去る時にはきれいにしていくのが、人間の務めやないか」

また、太平洋戦争で、日本軍は北の極寒地帯から南方の島々まで、広大な地域で戦闘を展開したが、敗戦後、部隊として戦場を掃除して帰った例は、自分たちのほかにないのではないか、とも語っていた。

「樋口くん、これは戦争だけの話やない。経営もまた闘いやが、心の持ちようは同じやで」

と、創業者はこのエピソードをしめくくった。

ここには深い哲学が秘められている。

私は、大和ハウスがいま基本精神としている「凡事徹底」にもあい通じるものを感じるのである。

「凡事徹底」とは、三十三年前、私が福岡支店長を命じられ、赤字の福岡支店を建て直す使命を与えられたときに、打ち出したスローガンだ。

福岡支店はなぜ赤字続きなのか。――注文には迅速・正確に応じる。クレームには誠意をもって応える。なによりも外のお客さまから見て〝気持のいい〟会社であること。そこから信頼が芽生え、顧客の輪が広がる。――そうした連鎖ができていないからであった。

数字を口うるさく言う前に、私はまず人間として当たり前のことを励行させることから始めた。明るいあいさつ、思いやり、礼儀、整理整頓、電話は一度目のベルで取る。建築現場を毎日きれいに清掃する。ライバル社を悪く言わない。商戦に敗れても、あとを濁さず毅然として引き上げる……。

なんの変哲もない、当たり前のことを続けるうち、さいわい、お客さまの好感度が高まり、次から次へとご紹介をいただけるようになり、社員も元気になって、翌年には黒字転換ができた。

その根本は、どんな状況にあっても、相手方と自らの尊厳を失わないこと、礼をもって接することである。

大和ハウスは、他の企業と関係をもつにしても、当節はやりの〝ハゲタカ〟のような行動は取らない。共存共栄、礼節を旨とする。

そのことを、私は創業者から教えられたと思っている。

42. 勝負所には、からだを張れ

人間、だれでも一生に一度や二度は、ここぞという勝負所に遭遇するものだ。

そういう時には肚を据えろ、というのが創業者の教えであった。とくに、あとに引けない交渉事にあたっては、「からだを張れ」と。

この信条は、創業者の凄絶な俘虜体験から生み出されたものだという。

昭和二十（一九四五）年九月、終戦で武装解除された石橋信夫中尉（八月二十日に少尉から昇任）の大隊千八名は、ソ連軍に連行されて北へ向かった。八百キロの行軍の末に行きついたのは、シベリアの「クズネチーハ第三収容所」だった。

周囲は深い原生林である。この森の伐採、製材、開墾に日本兵の労働力をフルに使おうというのが、ソ連側のハラであった。

高さ五〇メートル、直径三メートルもある巨木の幹に、二人挽きの鋸を入れて引き倒す。危険な重労働だ。

ノルマは過酷だった。それでいて俘虜に与えられる食糧は、一日に黒パン二百五十グラム、一匙《さじ》の砂糖、名ばかりの薄いスープだけであった。

これで厳寒の野外労働に耐えられるわけがない。病気や栄養失調で隊員はばたばたと死んでいった。ひもじさのあまり見知らぬ球根を食べて中毒死する者も出た。

もうガマンならん——。

この場で腹を切る!

石橋大隊長は軍刀を手に、決然と収容所長の部屋に乗り込んだ。この時期、大隊長としてまだ帯刀を許されていたという。

「スターリン大元帥も承認した国際捕虜規定を遵守することを要求する! 現在、栄養、防寒、作業ノルマ、医療など、捕虜規定に定められた権利を、われわれは何一つ受けていない。もしこれが容れられないなら、私はこの場で腹を切る！」

と軍刀の鞘を払った。

収容所長は飛びあがらんばかりに驚き、「カピタン、待て！　ハラキリは待て」と必死に押しとどめ、待遇改善を約束した。

一週間後、米、塩鮭、山羊の肉、防寒着などを満載した七輛の貨車が到着し、隊員たちは久しぶりに人間らしい食事を口にすることができたという。まさに〝からだを張った〟交渉の成果だった。

創業者はこの気概をビジネスの場でも持ち続けたが、教えを受けた私にも、からだを張った経験がある。

一九九三（平成五）年、大和団地の社長に任ぜられ、建て直しを委ねられた私をいきなり、会社が連帯保証をしていた病院の倒産という事件が襲った。六十八億円の連帯保証がこちらに降りかかってきたのだ。

大和団地はその当時、ただでさえ売上高の二倍の債務を抱えていたから、創業者からは、新たな銀行借り入れはまかりならんとクギを刺されている。

私は悩みぬいた末、単身、S銀行に乗り込んだ。倒産した病院に融資を行った銀行である。応対に出た取締役に私は肚を据えて切り出した。私どもには、たしかに連帯保証の責任がある。しかし銀行にも、審査のうえ貸付けた責任があるでしょう、というのが私の言い分である。

「私はからだを張っている。あなたは銀行を代表して、からだを張って結論を出せますか」

と私は迫った。

相手が自分一人では結論は出せないというのなら、頭取に会う。頭取の自宅へでもどこにでも行く。玄関先に坐り込んででも必ず折衝はやり通す、と私は肚をくっている。

結局、話し合いの上、S銀行と大和団地との株式持合いを、合意の上で解消することとなった。大和団地の持つS銀行の株式は、売却してもらってかまわない。さりとて、S銀行が保有する大和団地の株式を手離すことはしない。両社の友好関係はなんら変ることはない——という結論であった。資金繰りはこうして解決した。

一件落着となって、創業者にいきさつを報告すると、返事は〝ごくろう〟でもなく「うん、わかった」のただひとことであった。創業者にとっては、これくらいの折衝は当たりまえ以前なのだった。

43. 仁慈は人の為ならず

創業者は、仕事の上ではきびしい人だったけれども、社員に対しては「人事を処するに太陽のごとくあれ」「どの指を切っても、赤い血が出る」と語ってきたように、つねに公平無私の情愛をもって接してきた。

昔から、「情けは人の為ならず」という。人に情けをかけていれば、いつの日か巡りめぐって我が身にも良い報いがくる、という意味だが、これと同じ精神を、「樋口くん、仁慈は人の為ならずやぞ」と私は教えられてきた。

この心構えは、創業者が旧日本軍の俘虜としてシベリアに抑留されていた時の、九死に一生を得た体験に根ざしている。

シベリアのクズネチーハ収容所で日本人俘虜の作業大隊長の任にあった石橋中尉は、いつの日か訪れるはずの故国に帰る日に備えて、隊員たちに可能なかぎりの体力温存を説き、ソ連側の苛酷な強制労働に抵抗してきたが、ついに重大な局面が訪れる。

ソ連側がノルマの強化を申し渡し、俘虜の等級で四級認定の傷病者にも作業参加を命じてきたのだ。

国際捕虜規定にも違反するこの命令を、石橋中尉は断固拒否した。すると、収容所長は待ち構えていたように、宣告したという。

「イシバシの作業大隊長を解任、追放する!」

三ヵ月にわたる拷問

身柄を送られた先は、ハバロフスクの監獄だった。

五つの罪状——大隊長として隊員を策動し作業を忌避した、収容所長の命令をしばしば拒否、近衛師団に在籍した履歴を隠し、民主運動に批判的であり、依然として軍国主義者・ファシストである——によって軍事裁判にかけられた。

罪状を認めれば、即極刑だろう。黙秘すると、拷問が待っていた。

通称〝洋服ダンス〟。高さ一・八メートル、幅と奥行きが六〇センチの、棺桶を縦に置いたような狭い箱に閉じこめられる。天井に空気穴はあるものの、内壁にはクギが出ているため寄りかかることもできない。怪我の後遺症の腰と脚の痛みに耐えながら、真っ暗な中で立ち続けるのだ。

取調べが三ヵ月も続いた頃、石橋中尉が軍事裁判の証人として要請していたクズネチーハ村のセポフスキー村長が到着した。

石橋大隊が収容所入りして間もないある夜、村長が「村の子供が三人、高熱を発して死にかけている。ヤポンスキー（日本）のドクトルに診てほしい」と駆け込んできたことがあった。

疫痢だった。見込みは？　と問うと鈴木軍医が「注射を打てば……」とつぶやく。隊員の疾病に備えて保有していた貴重な注射薬を、ロシア人の子供に使っていいものかどうか、軍医もためらったようだ。石橋中尉は決断した。

「ロシア人も日本人も、人の命の大切さにかわりはない」と。十一本もの注射を惜しげもなく使ったかいがあって、三人の子供は命をとりとめたのだった。

裁判のために遠路を駆けつけた村長は、熱弁をふるったという。中尉はファシストではなく、情愛の人である。部下の信頼厚く、伐採作業も優秀な技術をもって隊員を指導、効率を上げてくれた――と。

おかげで「国家に対する反逆罪」の罪状は消え、創業者は極刑をまぬがれた。まさに仁慈は人の為ならず、だったのである。

私も若くして支店長になった頃は、「剛腕」といわれ、部下の仕事ぶりがもどかしく、一人で突っ走るばかりだったが、年を経て、創業者の「仁慈」の教えが良く解るようになった。大和ハウスの社長になってからは朝七時半に出社、十五階の社長室まで階段を足で昇りながら、フロアごとに社員たちと胸襟を開いた対話を交わしてきた。そうすることによって、ときには制度改革のヒントも得られ、一人一人の社員と心もつながる。

この絆が、私の一番の財産だと思っている。

44. 時流に棹さすなかれ

ふつう、世間では「時流には素早く乗れ」というのが常識になっているようだ。他人より一歩でも早く時代の波に乗った者が、勝ち組になるのだと。

しかし、意外なことに、誰よりも時代を読む眼を持っていた創業者は、「時流に棹さすなかれ」という哲学の持主でもあった。

夏目漱石の小説『草枕』に、「情に棹させば流される」という一節がある。〝棹さす〟とはこの場合、身をまかせる、といった意味だろう。時流に棹さし、巧みに立ち回ることを、創業者はむしろ戒めているのである。

創業者は、第二次大戦後のソ連軍によるシベリア抑留体験の中から、多くの教訓を得ているが、この一見、常識の逆を行くような教えもそのひとつだ。

捕虜収容所で、作業大隊長を務めていた石橋中尉は、隊員たちに「必ず生きて帰ろう。体力を温存しろ」と説き、ソ連側の苛酷な作業ノルマに、からだを張って抵抗してきた。

そのため「国家反逆罪」の容疑で裁判にかけられたのだが、心あるロシア人の証言もあって、かろうじて極刑を免れたのだった。

しかし、ほっと一息ついたのも束の間、石橋中尉は「反ソ的将校」として、収容所を転々と引き回されることになる。

「動かぬ心も大事やゾ」

驚いたことに、どの収容所に行っても、「正面の敵・石橋打倒!」「ミリタリスト・ファシスト石橋!」と日本語ででかでかと書かれた貼り紙がある。旧日本兵の中から、敗戦と知っていち早くソ連側に鞍替えした者たちの仕業だった。

ソ連側は日本の将校、兵隊の中から選出した者をモスクワ大学に送って教育し、彼らがまず「アクチブ」（共産主義活動家）となって旧日本兵を洗脳すべく、収容所に立ち戻っていたのだ。

「日本新聞」という洗脳教育のための新聞も発行され、胸や帽子に赤いバッジをつけたアクチブらが、指揮官クラスの俘虜を標的に、はげしい弾劾を繰りひろげた。石橋中尉は持前の強固な意志で耐えぬいたが、弾劾に耐え切れず自殺する将校もいたという。

アクチブらは〝日本軍国主義の解体〟を大義名分に、ソ連側に取り入り、厚遇を受けようとしていたのだった。

しかし、皮肉なことに、昭和二十二（一九四七）年になると、情勢が変わり、アクチブを含む部隊が帰国することとなり、あわや糾弾されてきた日本人将兵による〝逆吊し上げ〟が始まりそうな騒ぎになったという。これをなだめ鎮めたのも石橋中尉だったが、時流に軽薄に乗ろうとする者の姿に、「なんと情けないことか」と心が冷え冷えとした、と創業者は述懐している。

大好きな川釣りになぞらえて、創業者はこう語ったこともある。大魚は、急流の中にあって、一ヵ所にじっと身を保っていることがある――と。

「樋口くん、時代を読むことも大事やが、動かぬ心も大事やゾ」

この言葉には深遠な哲学がある、と私は思う。

日本はいわゆる〝小泉改革〟以来、規制緩和へと草木もなびく時流であった。しかし、その結果のひずみも多く見受けられた。

私は今般、住宅生産団体連合会会長として、辻元清美・国交省副大臣、長安豊《たかし》・国交大臣政務官と面談した際、

「規制緩和の結果、建築業者が野放図になり、街並みの景観などいささかも考慮せず、開発し放題になっている。たとえば中国では、街の電柱はすべて地下に埋め込み、無電柱化を推進しています。環境問題として大事なことで、日本でも国家レベルで、規制すべきはきちんと規制する必要があります」

と申し入れてきた。これも創業者の説く、時流に流されない〝動かぬ心〟だと信じているのである。

45. 家族力

厳寒のシベリアで、俘虜として三年間を過ごした創業者が、ようやく日本の土を踏む日

が来た。昭和二十三（一九四八）年八月二十一日のことだった。

材木商を営む吉野の実家に身を寄せるうち、翌年、見合い話が持ちあがった。相手は同郷の戦友・中岡隆氏の妹・純子《あやこ》氏であった。

創業者は彼女と会うと、軍隊口調で尋ねたという。

「オレとやっていけると思うか」

返事は「はい」であった。

挙式後、熱海に三日間の新婚旅行に出かけたが、あの時代のことだから食糧持参である。そうでないと旅館は泊めてくれなかった。

宿での夜、創業者は夫人を正面から見据えると、

「オレは仕事に飛び込んでいくさかい、家のことは一切たのむ」

と宣告した。夫人はにっこりとうなずいたという。

この「宣告」は、まもなく現実のものとなる。

昭和二十五（一九五〇）年の秋、ジェーン台風の被災地を見て回った創業者の頭に、天啓がひらめく。木材で作られた家々が倒壊しているのに、稲や竹は倒れない。ナゼだ。強靭さの秘密は丸く中空だからではないのか?!　伝説ともなっている「パイプハウス」の着

想である。

「嫁はん、集まれェ」

昭和三十（一九五五）年四月五日、大和ハウス工業を設立。社長は兄・石橋義一郎氏とし、実際の業務は、常務・石橋信夫がすべて取りしきった。

社屋は大阪市南区日本橋の、敷地三十五坪、木造二階建の小さな事務所である。子供もできていた石橋信夫一家が二階に住み、一階の事務所には社員七、八名が寝泊まりしていた。

純子夫人は、彼らの食事から身の回りの世話まで、すべて一人で面倒を見たという。

難病の筋ジストロフィーに苦しむ次男・政人君の看病も夫人が一人でやりとげた。だからこそ創業者は、安心してあの〝夜汽車がホテル〟という、これも伝説的な全国営業行脚に打ち込めたのである。

一九九六（平成八）年、創業者を支え続けた純子夫人が心筋梗塞で忽然と他界される。創業者は悲嘆の色を隠さず、「倶会《くえ》一処《いっしょ》」の言葉を唱え続けておられた。〝この世で死ぬのは別々でも、浄土でまた会えよう〟という意味であると聞く。

一見、自身の家庭を顧みる余裕がないかに見えた創業者だったが、「家庭」というものへの思いが強かったのは疑いない。それは社員たちの家庭に対しても同様であった。こんなエピソードが残っている。

創業から三年、創業者はパイプハウスの販路として北海道に照準を定める。北海道には八十九の営林署があり、夕張、石狩などの炭鉱もある。本社と工場の優秀な人材を送り込んで札幌営業所を開設した。

社員は妻を呼び寄せたり、現地で結婚したりで、家族寮が出来あがった。寮といっても粗末なもので、近所の人たちからは「カラフト長屋」と呼ばれていたというが、ここでみんなが頑張った。創業者は三ヵ月に一度は激励に訪れて、

「嫁はん、集まれェ」

と、すきやきなどのご馳走の席を設けてねぎらうこともあったという。この連帯感が別名〝北海道開拓使〟たちの志気の源となった。

私も何度か転勤を経験しているが、創業者から、

「樋口くん、キミの健康のためや。転勤には家族全員つれていけよ」

とアドバイスされ、実際、山口・福岡両支店、東京支社と、常に家族を伴っていった。

最近の転勤事情では、家族が同行を望まないことが多いとも聞くが、〝父親の威厳〟さえあれば、そんなことは起こりえないはずだと私は思っている。

大和ハウスには、社是の(二)として「企業の前進は先ず従業員の生活環境の確立に直結すること」とある。

創業者がくり返し説いた、社員の家族を含めた社内の「和」こそが、大和ハウスの力なのである。

46・運のいい人間とつき合え

創業者はよく、「わしは運がよかった」としみじみ述懐し、

「樋口くん、人間、つまるところ運やで。キミも運のいい人間とつき合え」

と言い聞かされたものだ。

〝運まかせ〟ののらくら人間が言うのなら、わかる。だが、一代で一兆円企業を育て上げた、超人的な努力の人の口から「運」という言葉が出ると、びっくりする。

たしかに、あらためて創業者の来歴を見れば、奇蹟的に危機を乗り切った、「運」とし

か言いようのない節目が多い。

戦時中は陸軍少尉として満州での演習中に、速射砲を積んだ馬ソリの直撃を受けて脊髄損傷、下半身麻痺の重傷を負うという不運に見舞われている。丸太のようにギプスに固められて、寝たきりの一年半、ひそかに自決を考えている時に、名軍医との運命的な出会いによって回復。一方、その間、所属部隊はグアム、レイテ島に転進し、大半が戦死していた。

まさに「塞翁《さいおう》が馬」である。

しかし、創業者の言葉は、わが身の運を単純に喜ぶ響きではない。むしろ、戦友の死を悼む慟哭のモノローグである。

その証拠に、群馬県前橋市郊外の相馬原《そうまがはら》にあった、「前橋陸軍予備士官学校」（創業者は第七期生）の同窓生や、シベリア抑留時代の戦友への思いは、きわめて深かった。

運とは「人間力」だ

とくに予備士官学校については、創業者らの熱心な呼びかけによって、卒業生の同窓会「相馬原会」が結成される。さらに、「俺ははからずも生き残ったが、君たちの鎮魂の場所は必ずつくるぞ」という創業者の固い誓いと獅子奮迅の活動によって、一九八四（昭和五十九）年、高野山に慰霊碑を建立するに至るのである。

全国から約千六百人の遺族、生存者が参列した除幕式で創業者は、

「亡き友の御霊よ。どんなにつらかったでしょう。どんなに怖かったでしょう。（中略）どんなにひもじかったでしょう。どんなに会いたかったでしょう」

と異例の型破りな祭文を読み上げ、満場の感動を呼んだのだった。

それにしても、「運」とは何だろう。

辞書には「人知でははかり知れない身の上の成り行き」（『大辞林』）とある。しかし今、私には思い当たることがある。「運」とは一種の〝人間力〟であると。

私は日頃、組織の長たる者は品性にくわえて「四つの力」を磨かなければならないと考えている。「先見力」「統率力」「判断力」「人間力」の四つである。

はじめの三つはわかりやすいと思うが、むずかしいのは四番目の「人間力」だ。なかなか言葉では言い表わしにくい。

太陽のように明るい。包容力がある。私欲に走らない。あたたかさの中にも重みがある。沈着でありながら果断でもある。侠気《おとこぎ》がある……。そうした要素をいくつ挙げていっても

言い尽くせない。そして、その奥の奥に岩盤のように鎮座しているのが「運」なのではないだろうか。

創業者は、三洋電機の創業者・井植歳男氏に傾倒し、若手経営者仲間だったサントリーの佐治敬三氏、森下仁丹の森下泰氏、ダイエーの中内㓛氏らと共に井植氏を囲んで経営学と人間学を学んだ。これは人呼んで「井植学校」といわれた。

また、松下幸之助氏、本田宗一郎氏、奥村綱雄氏ら諸先輩のさりげない言葉から教えを吸収する「聞学《もんがく》」にも長けていた。思えばこの諸先輩はすべて、大人物であると同時に、強運の持ち主ばかりである。

「樋口くん、運のいい人間とつき合え。運の悪い人間とつき合うと、運を取られるで」

私は折にふれ、創業者と禅問答を交わすつもりで、この言葉と向き合ってみるのである。

47. 芸術・文化に親しめ

世間では、大和ハウスの創業者のことをいまだに〝プレハブ住宅の人〟といった枠にはめて考えておられる方が少なくないようだが、それは、あまりに狭小な見方と言わねばならない。

創業者は二〇〇〇（平成十二）年から、間質性肺炎で体調を崩して、能登・羽咋《はくい》の山荘での療養生活に入ったが、車椅子で酸素吸入をしながらも覇気は衰えず、まるで、ひと飛びで十万八千里を行く、孫悟空の〝觔斗雲《きんとうん》〟に乗るようにして、私たちの想像もつかない領域まで企業活動の構想を拡げていた。

「いま社会が、国が、何を求めているか。遊びから芸術・文化までよく考えないと、大和ハウスは潰れてしまう」

創業者がベッドの上で語ったこの言葉は、私の胸に深く刻まれている。

紛うかたなく「芸術・文化」と口にしたのである。

ここには、かつて、勉強部屋の無い子供たちに「ミゼットハウス」を提供した時（一九五九年）に始まる、「社会が必要とする商品を提供し、社会が必要とする企業になる」という「公」の精神がある。

事実、創業者の率いる大和ハウスは長年、芸術・文化の支援活動を展開してきている。

日本の城はプレハブだ

古くは一九六七（昭和四十二）年、奈良県の名刹「如意輪寺」に、後醍醐天皇の御遺物などを納める「宝物殿」を寄進、建物の天井画に日本最大の油絵「如意輪観世音菩薩像」を寄付している。

また、国立文化財機構奈良文化財研究所「飛鳥資料館」に、日本最古の噴水である重要文化財「須弥山石《しゅみせんせき》」の復元を寄贈したのは一九八七（昭和六十二）年のことであった。完成を記念して『日本書紀』に記された斉明三（六五七）年七月十五日を再現、歌垣の踊りと歌、古代食も供する盂蘭盆会《うらぼんえ》の法要が行われ、「飛鳥を一夜、千三百年前に引き戻した」と評されて、大きな話題を呼んだ。

セビリア万国博が開催されたのは一九九二（平成四）年のこと。安藤忠雄氏の設計になる白木の日本館に置かれた、安土城の天守閣最上部二層の復元は、圧倒的な人気を呼んだ。織田信長が技術専門集団をつくり、総力をあげて完成させた安土城の威容は、当時、ヨーロッパからやってきた宣教師たちをも仰天させたという。

その壮麗な復元天守閣を、しかし万国博終了後は廃棄せざるをえない、というのが政府の方針だった。いかにも惜しい、との声があがりながらも、保存のための予算がないというのである。

この時、日本館の総合プロデュースを担当された堺屋太一氏のアピールに応えたのが、創業者だった。

大和ハウスの手でセビリアから移築再建された豪奢な天守閣は、その全体を包む鞘堂とともに滋賀県安土町に寄贈され、「信長の館」として公開されることとなった。

一九九四（平成六）年五月八日、テープカットの日に創業者が、

「西欧の石造りの城と違って、日本のお城は、基本的にプレハブですね」

と語った言葉も、ユニークな考察として語り継がれている。

創業者の研究によると、日本の城は土台の石積みと材木加工、内部装飾品などが同時並行で作られ、一気に組立てられていたというのだ。

大和ハウスの文化支援のメセナ事業は、こうした建築関係にとどまらず、最近の例だけを挙げても、二〇〇六年から大阪シンフォニカー交響楽団のメインスポンサーとして活動を支援、二〇〇八年には「ロッシーニ・オペラ・フェスティバル」「東山魁夷展」「シャガール展」等々の協賛、二〇〇九年には「ウィーン・フィル公演」、二〇〇八年以来毎年開催の「石橋信夫記念館文化フォーラム」など、広範に展開されている。

私は常々、リーダーの品性として「公平公正」「無私」「ロマン」「使命感」の四ヵ条を

掲げているが、芸術・文化の支援は創業者が語り続けたロマンと使命感の実践であり、私たちはこれを承け継ぎ、さらに拡充していく決意である。

48.「先の先」を読め

「安全に、と思うたら即、危機を招くゾ」

創業者は、しばしばそう説いた。「組織の人間なら、身の安全を第一に考えるのは大方の人情や。なるべく冒険を避け、前任者と同じ道をたどろうとするのはサラリーマンの常やが……」

いままでが安泰だったから、仕事を従来通りに続けていれば今後も大丈夫だろう。そう思った瞬間に「停滞」が始まる。企業にとってきわめて危険なことだが、安全志向を克服するのは容易なことではない。

いかにして時代の変化に対応していくか。結局はトップの姿勢しだいなのだ、と創業者は言い、

「樋口くん、〝先の先〟を見てくれよ。〝先の先〟やぞ」

と、私の顔を見るたびに繰り返し念を押した。

創業者自身、事業家としての四十八年間を通して、つねに〝先の先〟を見据えて俊敏に行動してきた。

たとえば、その一。住宅といえば一棟ごとに受注し施工する慣行だったのを、あらかじめ部材を工場で見込み生産することによって大量注文に応じることを可能にした。住宅不足を見越した「建築の工業化」である。

その二。日本経済が高度成長期に入った一九六〇年代。都市部に労働力が集中するのを先取りして、近郊大規模住宅団地の開発に乗り出している。みずから宅地を造成、プレハブ住宅とセットで売り出すプランである。大阪南部・羽曳野市に約三十万坪、三千戸分の土地を確保、住宅ローンの先駆けとなるサービスを導入したのも画期的なことだった。

ロードサイドを開拓

その三。やがて経済大国となった日本への、国際的な風当たりが強まる。〝働きすぎの日本人〟と批判され〝ゆとりある生活〟が唱えられる。一九七〇（昭和四十五）年に国鉄（現在のJR）による「ディスカバー・ジャパン」キャンペーンが始まり、観光ブームが到来すると創業者は、その〝先の先〟にあるのは単なる旅行ではなく、「滞在型リゾート」であると読み切った。

軽井沢や箱根といった開発され尽くした観光地ではなく、手のつけられていない景勝の地。いわゆる〝あちゃら持ち〟の借景に秀でた土地にリゾートホテルを展開する。一九七八（昭和五十三）年、その第一号、「能登ロイヤルホテル」が完成。以後、三十ヵ所を数えることになる。

その四。滞在型リゾートの発想は、一九七〇年代から顕著になったモータリゼーションとも呼応しているのだが、この動向を先取りした創業者の独創的なアイデアに「流通店舗」がある。

アメリカを視察していてひらめいたのかもしれないが、創業者の頭の中には、ロードサイドに店舗を出すことによって、眠っている土地が活用できる、という発想があった。車社会が客を呼ぶはずだと。

一九七六（昭和五十一）年、大和ハウスに「流通店舗事業部」が発足する。主要な幹線道路沿いの土地のオーナーを口説いて、ファミリーレストランやガソリンスタンド、倉庫、賃貸アパート、大規模小売店へと変身させる。

そのためには建築の請負いだけではなく、法規、税務対策、資金計画、収支見積りまで、ソフト面でも徹底的にサポートするのである。

昨今、話題を集める大規模アウトレット店などは、すべてその源を石橋信夫という天才事業家の発想に遡ることができる。

いま、私たちもまた、安全志向を捨てて〝先の先〟に挑戦していかねばならない。創業者の超人的な発想の軌跡に学びつつも、しかし時代はつねに変わる。

今日もまた私は、地平線のはるか彼方を見据えて一歩を蹴り出す覚悟である。

49. 社葬無用

巨星墜つ――。

二〇〇三(平成十五)年二月二十一日、稀代の事業家、大和ハウスの創業者・石橋信夫が、八十一年の生涯を閉じる日がきた。

その日、私は高知支店での社員教育に出向いていたのだが、夜七時すぎ、「本社から急用の電話です」との知らせに全身が総毛立った。

——〝ついに来たか〟。

「オーナーがたったいま、亡くなられました」

握りしめた受話器からの声は、そう告げていた。

創業者はここ三年の間、間質性肺炎にくわえて前立腺手術、腸閉塞と病いが続き、じりじりと体力を減衰させていたのだった。

じつは亡くなる十日ばかり前、静養先の羽咋《はくい》に見舞った私に、創業者が強い語調で命じたことがあった。

「社葬はするな。わしは一日たりとも仕事を止めてほしくないのや」

「そういうわけには……」

と返す私に、創業者は左右の腕でバッテンを作ってみせた。その眼と仕草《しぐさ》には、強い意志が示されていた。

指示は徹底していた。

「通夜は『石橋家の通夜』をせい。会社と石橋家の、看板と花があればいい。あとは一切受け付けるな。出席するのは本社と関連会社の幹部だけ。出棺がすんだらもう帰ってみんな仕事につけ。幹部がすぐに働きだしたら、皆も倣《なら》うやろ。

社葬をしたら経費もかかる、売り上げも減る。どれだけもったいないことか。わしにとっていちばんの弔慰は、この会社が百年、二百年続くことや」

「大きな石が転げたら」

わが身の飾りや栄誉には無関心、会社が第一という、ここまで透徹した事業家魂を持った経営者が、どれほどいるだろうか。この壮烈な遺志に従って社葬をしないかわりに、翌日、創業者の棺を納めた車は、この事業家の一代の足跡をたどるように進んだ。

羽咋の「石橋山荘」を出た車は、療養中の世話をしてくれた人々のいる金沢支店へ。そして太巻寿司など好みの食事を賄った長浜ロイヤルホテルへと向かう。

車はさらに奈良の総合技術研究所へ。ここは建築の工業化に邁進《まいしん》した創業者の情熱のシンボルである。次の奈良工場は日本初のプレハブ住宅専門工場で、創業から十年、不況のさなかにあえて建設に踏みきり、住宅量産化の基礎を固めた記念碑的な施設である。

続いて大阪・日本橋へ。一九五五(昭和三十)年、かつてこの地に初めて「大和ハウス工業株式会社」の看板が掲げられた。小さな事務所で、創業者の家族も社員もここに住んだ。

そして車は、大阪市西区阿波座《あわざ》の十階建の旧本社ビル、梅田の現本社ビルへ。本社と関連会社の役職員約百名が整列して、棺を迎え、そして見送った。

大事業家の軌跡が、走馬灯のように眼前をよぎる巡回であった。私からすれば師の背中をみつめての三十年にわたる〝同行二人《どうぎようににん》〟。この日からのちは、心に師を抱いての真の〝同行二人〟が始まるのだ。

私は丹田にぐっと力を込めた。

山頂から小さい石が落ちたとしても、途中で止まるかもしれないが、大きな石が一旦転げ始めたら落下のエネルギーは大きく、急転直下で止めようがない。

大和ハウスが〝大企業病〟に罹ってはいないか。いま為すべきことは何か。

没後四日目、私は亡き創業者の執務室に籠もり、遺影の前で膿出しを決断した。土地の評価損などからくる二千百億円の特別損失の一括処理である。

「一発でやらせてください。それが会社のため、社員のため、株主のために、最善の方策です。これで必ずV字回復をなしとげますから」

と私は遺影にむかって語りかけた。

創業から四十八年、初の赤字計上は乾坤一擲《けんこんいってき》の勝負であった。

創業者は「オ、やるなァ」と思って下さったのではないだろうか。さいわい、身軽になっての反転攻勢の結果、平成十六年度の決算で、V字回復を果たすことができたのである。

50・「競生」から「共生」へ

大和ハウスの本社ビルの私の部屋に、段ボール箱がひとつ置いてある。創業者とは、経営のあり方について、いつも長時間の対話を交わしてきたが、その記録メモがぎっしり詰まっているのだ。

メモの一つに、こういう言葉が記されている。

「わしはカネもバックも無く、ゼロから会社をスタートした。いまはおカネができたからというて、ヨソの会社を札束でビンタ張って買うのんは嫌いなんや」

いつものように、〝先の先〟、大和ハウスの未来を語り合っていた時のことだった。

住宅はいまや七百五十万戸の余剰がある。むろん、耐震建て替え需要や、エコ重視の長期優良住宅へのシフトは想定できるが、住宅関連だけでは会社を二兆円、三兆円企業に伸ばしていくことはできない。

経営の多角化、新規事業の育成と拡大が必要で、そのためにはM&A（企業の合併・買収）が欠かせないと考えていた私は、創業者のこの言葉に脳天をズシンとどやされたように感じたものだ。

M&Aを実行するにしても、相手企業を立て、相手を育てることを心がける。それでこそ自分のほうにもメリットが生じるという、真の意味での〝ウィン・ウィン〟の関係をめざすべきだ。創業者の言葉は、そう説いていたのである。

ウィン・ウィンの関係

現在、大和ハウスはM&Aを成長戦略の一つとして矢つぎ早に展開しているが、創業者の思いは片時も忘れたことはない。企業を買収した場合でも占領軍まがいに多数の役員を送り込んだりはしていない。

新規の投資を決断するポイントは、①その事業が社会に必要とされるか②相手の経営者に情熱があるか、の二条件である。

相手と会って、夢と情熱を持った経営者だと確認できれば、基本的におまかせする。

たとえば、二〇〇四（平成十六）年に、産業再生機構が再建中だった大阪マルビルを子会社化したが、経営者は続投、社員の雇用も継続しながらリニューアルを加速した結果、ビル内ホテルの稼働率も九〇％以上と、好調を維持している。

また同年、日本体育施設運営（NAS）を買収した。同社は全国で四十七ヵ所のフィットネスクラブを展開するが、健康への関心が高まる中、大和ハウスはNASを拠点の一つとし、人・街・暮らしの価値共創グループとして挑戦を続けているところである。

二〇〇七（平成十九）年にはエネサーブを買収した。同社には小口電力の販売や電力設備のメンテナンスで蓄積した技術や管理ノウハウがある。大和ハウスグループの運営するホテルやショッピングモール、マンションなどの施設の電力設備を自前で管理する態勢を整えられるし、将来的にはエネルギー事業を収益の柱に育てたい、その布石にもなる。このときも、エネサーブの深尾勲社長には続投していただいた。

翌、二〇〇八（平成二十）年、大和ハウスは小田急建設の発行済み株式の三三・一％を小田急電鉄から取得し、筆頭株主となった。

小田急という伝統あるブランド力は、関西が地盤の大和ハウスにとって大きな魅力である。首都圏の土地情報が手に入り、首都圏での再開発事業も期待できる。同時に小田急建設にとっても、資材の共同購入など利点は大きいはずである。

これが本当の〝ウィン・ウィン〟(双方にメリットがある)の関係である。二十世紀が「競生」の時代であったとすれば、二十一世紀は「共生」の時代。それが創業者の言わんとするところでもあったと思う。

ところで、前述の大阪マルビルであるが、大阪駅前のランドマークだった同ビル屋上の電光サインが、業績不振で二〇〇三年に消灯していたものを、二年ぶりに復活させた。「キタの灯台」であり、大阪がさらに元気になるための希望の光になってほしい、と念じてのことである。

51. 志在千里

「志在千里」——志は千里に在《あ》り。

創業者が愛誦した言葉で、中国『三国志』の英傑で、詩人としても名高い曹操の「歩出夏門行」と題する漢詩の一節だ。

老驥《ろうき》伏櫪　志在千里

——駿馬はいまや老いて廐《うまや》に身を横たえるが、その心はなお千里のかなたを駆けている。

創業者が能登・羽咋《はくい》の山荘で療養生活に入ってからも、私が訪ねると酸素吸入器を付けての経営談義になった。

創業百周年には十兆円企業たることをめざそう、と熱く語り合った。百周年といえば二〇五五年である。当然、二人ともこの世には居ない。それでも、おかしいとも思わず少年のように「夢」を語り続けたものだ。

むろん、本業の建築業だけでは、売上げ十兆円は達成できない。

「新しい事業で新しい市場を開拓してくれよ。何をやったら儲かるかを考えたらあかん。世の中がこの先、どういうものを必要とするかを考えろ。利益はあとからついてくる」

というのが創業者の口癖だった。

「五五%の可能性があったら挑戦せい」とも言い続け、チャレンジもしないで「できません」という言葉を吐くことは、絶対に許さなかった。

後事を託された私の務めは、百周年に向けてタネを蒔くことである。

フ・カ・ケ・ツ・ノ事業

「フ・カ・ケ・ツ・ノ（不可欠の）事業群」という旗印を、私は掲げた。すなわち福祉、環境、健康、通信、そして農業＝食、五つの近未来事業の頭文字を取ったスローガンだ。

福祉関連は、私自身の手で二十一年前に立ち上げた、「シルバーエイジ研究所」を中心に、数多くの高齢者向け施設、病院を建設してきているが、目下、〝老々介護〟の時代に向けて介護補助ロボットを普及させるべく先端技術に出資している。

環境問題は、対応が急がれる。現在、世界のCO_2排出量二百九十億トンに対して自然界が吸収できるのは百十四億トンにすぎない。このままCO_2の排出量にブレーキがかからず、もしも地球の温度が２℃上がれば、地球環境は壊滅的なことになる。

私たちが出資するエリーパワー株式会社は川崎市に工場を建て、大型リチウムイオン電池の生産態勢に入った。工場その他施設の照明の消費電力を半減できる「レフボ」も開発、また、愛媛県に建設した大型風力発電機による売電事業に参入したり、エネルギー事業に積極的に取り組んでいる。本業の住宅部門では、〝省エネ・創エネ〟のエコ住宅「ｘｅｖｏ（ジーヴォ）」も販売している。

健康部門では、全国にスポーツクラブを展開する企業を買収したほか、生活に密着した健康事業として、「インテリジェンストイレ」を推進している。これは在宅健康チェックシステムで、用を足すたびに尿糖値、血圧、体重、ＢＭＩ値（体格指数＝肥満度）を測定できる。女性のユーザーなら、尿温度の測定によってホルモンバランスを知ることができ、排卵日まで予測できるのだ。

通信については、いまから本格的な通信事業に進出するわけにもいくまいが、こうした健康情報を医療機関に通信リンクさせるなどの形で進化させていきたい。

農業、つまりは「食」の問題は、日本にとって喫緊の課題である。

いま、世界の人口が六十八億。二〇五〇年には九十一億になるといわれる。日本が相変らず食糧の六割を輸入に頼ろうとしても、相手にしてもらえまい。

あわてて自給自足を唱えても、高齢化した私たちに昔ながらの農作業がやれるわけがない。求められる道は〝農業の工業化〟である。

創業者は、吉野の山里に生まれ、山林の乱伐に心を痛めるなか、パイプやパネルによる建築を開発、また、かつて手作業だった住宅の大量生産・工業化を実現した。それに倣って「食」の分野でも、工場で穀物・野菜を生産するのである。すでに布石は打っている。

これらすべての事業分野にわたって、オンリーワンテクノロジーを推進する人材が必要だ。

人材育成のために創設した「大和ハウス塾」も今年で三期目になるが、未来事業のタネが芽吹き、人材が育ったときに、私の務めは終わる。
創業者・石橋信夫の志を追って、私の心もまた千里を奔《はし》るのである。

あとがき

私が人生初めての著書『熱湯経営』を上梓したのが二〇〇七年の八月。早いものでまもなく三年の月日が経つ。

当初予想だにしなかった好反響を呼び、手紙や電話をいただくのはまだしも、講演の依頼が引きもきらず、本業の合間を縫っては極力要望に応えさせていただいた。

それと同時に、『週刊文春』の二〇〇八年十二月四日号を皮切りに、私が経営と人生の師と仰ぐ、大和ハウス工業の創業者・石橋信夫のユニークな経営語録を中心に、毎週一話ずつ、経営理念などを執筆してきたが、今回若干の加筆・修正をしたものを纏めたのが本書である。

当社はいま役職員一丸となって、創業者・石橋信夫より託された「百周年の時に、十兆円企業群の創成」という壮大なる目標の実現に向かって邁進しているところである。その為にも、今後の進むべき方向性として、複眼的思考を持って、既存事業領域のみならず、「ア・ス・フ・カ・ケ・ツ・ノ」をキーワードに、環境エネルギー分野や介護・福祉、さらには農業（食料）分野などに、新たな事業の種を蒔いている。

しかしながら、事業の成否は、一にも二にもその担い手である「人材」の有無にかかっており、その為にも、人材の発掘と育成が喫緊の課題であると固く信じている。

私は人間の能力は帰するところ「やる気」の差であると思っているが、今の時代、そのやる気をいかに起こさせるかが難しい。

人生の先達として、また創業者より直接薫陶を受けた者として、創業者から学び取った経営哲学・理念を中心に夢やロマンを語り、次代を担う若き世代に、夢を抱いてチャレンジする熱き心を取り戻してほしいと願っている。

本書が、読者の方々と、当社の役職員に、少しでも「やる気」を惹起させ、前を向いて挑戦する動機付けの一端を担えれば幸いである。

最後に、本書の発刊に当たって、多大なるご尽力を賜った、企画集団・知性コミュニケーションズならびに文春新書編集部の各位に深甚なる謝意をささげたい。

二〇一〇年三月

樋口　武男

石橋信夫　略年譜

1921（大正10）年 9 月 9 日	奈良県吉野郡川上村寺尾に生まれる
1934（昭和 9 ）年 4 月	奈良県立吉野林業学校入学
1939（昭和14）年 3 月	同校卒業後、満州国営林署に入署
1941（昭和16）年 7 月	徴兵検査で甲種合格となり表彰
1942（昭和17）年 1 月	近衛歩兵第一連隊第五中隊に入営
1943（昭和18）年 11 月	前橋陸軍予備士官学校入校。その後、陸軍少尉、速射砲中隊小隊長に
1945（昭和20）年 8 月	第一大隊副官拝命、終戦。武装解除。陸軍中尉任官 石橋大隊1008名ソ連に抑留。収容所へ
1948（昭和23）年 8 月	ナホトカ港から舞鶴港帰港。復員
9 月	吉野中央木材に入社
1955（昭和30）年 4 月	大阪市南区日本橋に大和ハウス工業を設立
1963（昭和38）年 5 月	大和ハウス工業代表取締役社長に就任
1978（昭和53）年 5 月	（社）プレハブ建築協会会長に就任
1980（昭和55）年 6 月	大和ハウス工業代表取締役会長に就任
1988（昭和63）年 5 月	（社）大阪工業会副会長に就任
1990（平成 2 ）年 2 月	工業化住宅の品質向上に貢献したとして通産大臣表彰
1992（平成 4 ）年 4 月	『不撓不屈の日々—私の履歴書』を日本経済新聞社から刊行
6 月	大和ハウス工業代表取締役相談役に就任
1993（平成 5 ）年 9 月	（社）住宅生産団体連合会会長に就任
1999（平成11）年 6 月	大和ハウス工業名誉会長に就任
2000（平成12）年 6 月	大和ハウス工業代表取締役相談役に就任
2003（平成15）年 2 月21日	逝去（享年81）
3 月	生前の功績により、従三位勲一等瑞宝章を受章

樋口武男（ひぐち　たけお）
1938年兵庫県生まれ。61年、関西学院大学法学部卒業。63年8月、大和ハウス工業株式会社入社。84年、取締役就任。89年、常務取締役。91年、専務取締役。93年、大和団地株式会社代表取締役社長。2001年4月、大和ハウス工業株式会社代表取締役社長。04年4月、代表取締役会長兼CEO。グループ会社社長から大和ハウスの社長就任後、数々の改革を打ち出す。09年売上高は1兆7千億円。住宅のみならず、環境エネルギー、介護・福祉、農業などの分野に新たな事業展開を目指している。

文春新書

743

先《さき》の先《さき》を読《よ》め
——複眼経営者「石橋信夫」という生き方

2010年（平成22年）3月20日　第1刷発行

著　者　　樋　口　武　男
発行者　　木　俣　正　剛
発行所　株式会社　文　藝　春　秋

〒102-8008　東京都千代田区紀尾井町3-23
電話（03）3265-1211（代表）

印刷所　　理　想　社
付物印刷　大　日　本　印　刷
製本所　　大　口　製　本

ISBN978-4-16-660743-3

◆政治の世界

- 美しい国へ　安倍晋三
- 農林族　中村靖彦
- 牛肉と政治 不安の構図　中村靖彦
- 日本のインテリジェンス機関　大森義夫
- 首相官邸　江田憲司 龍崎 孝
- 永田町「悪魔の辞典」　伊藤惇夫
- 知事が日本を変える　浅野史郎 北川正恭 橋本大二郎
- 田中角栄失脚　塩田 潮
- 政治家の生き方　古川隆久
- 政治家失格 なぜ日本の政治はダメなのか　田﨑史郎
- 昭和の代議士　楠 精一郎
- 女子の本懐　小池百合子

*

- 日本国憲法を考える　西 修
- 憲法の常識 常識の憲法　百地 章
- 駐日アメリカ大使　池井 優
- 非米同盟　田中 宇
- 第五の権力 アメリカのシンクタンク　横江公美
- アメリカに「NO」と言える国　竹下節子
- CIA 失敗の研究　落合浩太郎
- オバマ大統領　村田晃嗣 渡辺 靖
- ヒラリーをさがせ！　横田由美子
- ジャパン・ハンド　春原 剛
- 常識「日本の安全保障」　『日本の論点』編集部編
- 拒否できない日本　関岡英之
- 夢と魅惑の全体主義　井上章一

◆さまざまな人生

- 斎藤佑樹くんと日本人　中野 翠
- 麻原彰晃の誕生　髙山文彦
- 種田山頭火の死生　渡辺利夫
- 植村直己 妻への手紙　植村直己
- 植村直己、挑戦を語る　文藝春秋編
- 天下之記者 「奇人」山田一郎とその時代　高島俊男
- 評伝 川島芳子　寺尾紗穂
- 花の男 シーボルト　大場秀章
- 最後の国民作家 宮崎駿　酒井 信
- 山県有朋 愚直な権力者の生涯　伊藤之雄
- 夢枕獏の奇想家列伝　夢枕 獏

◆世界の国と歴史

民族の世界地図 21世紀研究会編
新・民族の世界地図 21世紀研究会編
地名の世界地図 21世紀研究会編
人名の世界地図 21世紀研究会編
常識の世界地図 21世紀研究会編
イスラームの世界地図 21世紀研究会編
色彩の世界地図 21世紀研究会編
食の世界地図 21世紀研究会編
法律の世界地図 21世紀研究会編
国旗・国家の世界地図 21世紀研究会編
ローマ人への20の質問 塩野七生
ローマ教皇とナチス 大澤武男
物語 古代エジプト人 松本 弥
物語 オランダ人 倉部 誠
物語 イギリス人 小林章夫
ドリトル先生の英国 南條竹則

森と庭園の英国史 遠山茂樹
フランス7つの謎 小田中直樹
ロシア 闇と魂の国家 亀山郁夫 佐藤 優
パレスチナ 芝生瑞和
イスラーム世界の女性たち 白須英子
不思議の国サウジアラビア 竹下節子
ハワイ王朝最後の女王 猿谷 要

＊

空気と戦争 猪瀬直樹
戦争学 松村 劭
新・戦争学 松村 劭
名将たちの戦争学 松村 劭
ゲリラの戦争学 松村 劭
戦争の常識 鍛冶俊樹
戦争指揮官リンカーン 内田義雄
ミサイル不拡散 松本 太
二十世紀をどう見るか 野田宣雄

＊

歴史とはなにか 岡田英弘
歴史の作法 山内昌之
大統領とメディア 石澤靖治
セレブの現代史 海野 弘

(2009. 4) B

◆アジアの国と歴史

権力とは何か 中国七大兵書を読む　安能 務
中国人の歴史観　劉 傑
中国の隠者　井波律子
乾隆帝　中野美代子
蔣介石　保阪正康
中国の軍事力　平松茂雄
もし、日本が中国に勝っていたら　趙 無眠 富坂聰訳
「南京事件」の探究　北村 稔
旅順と南京　一ノ瀬俊也
百人斬り裁判から南京へ　稲田朋美
若き世代に語る日中戦争　伊藤桂一 野田明美
中国はなぜ「反日」になったか　清水美和
新しい中国 古い大国　佐藤一郎
中国共産党 葬られた歴史　譚 璐美
新華僑 老華僑　譚 璐美 劉 傑
中華料理四千年　譚 璐美
中国艶本大全　土屋英明
中国雑話 中国的思想　酒見賢一
中国を追われたウイグル人　水谷尚子
上海狂想曲　高崎隆治
笑う中国人 毒入り中国ジョーク集　相原 茂

＊

韓国人の歴史観　黒田勝弘
〝日本離れ〟できない韓国　黒田勝弘
韓国併合への道　呉 善花
竹島は日韓どちらのものか　下條正男
在日韓国人の終焉　鄭 大均
在日・強制連行の神話　鄭 大均
韓国・北朝鮮の嘘を見破る 近現代史の争点30　鄭 大均 古田博司編著
歴史の嘘を見破る 日中近現代史の争点35　中嶋嶺雄編著
物語 韓国人　田中 明
「冬ソナ」にハマった私たち　林 香里
テポドンを抱いた金正日　鈴木琢磨
拉致と核と餓死の国 北朝鮮　萩原 遼
中国が予測する〝北朝鮮崩壊の日〟　綾野 富坂聰編
北朝鮮・驚愕の教科書　宮塚利雄 宮塚寿美子
東アジア「反日」トライアングル　古田博司
新脱亜論　渡辺利夫

◆経済と企業

（2009. 4）C